JN273287

発表会やハロウィンで大活躍！
かわいい簡単手作り衣装

# こどもの手作り
# 仮装コスチューム

macaron あんどうまゆこ 著

## はじめに

実は、私は服作りが苦手です。
工程がたくさんあるし、構造が複雑だったり……。
学生時代、服作りを学んだのに、なにかとっつきにくく、なかなか手がけることがありませんでした。
あるとき、「こどもの発表会の衣装を作るのを手伝って」と頼まれ、
自信もないまま、作りはじめたら、とても楽しかったのです。
サイズが小さいからすぐ仕上がるし、
縫い代の始末や裏地など、見えないから、手抜きしたって大丈夫。
服作りを基礎から勉強したからこそ、驚きでした。
部分的に両面テープやボンドで貼ったりと、工作している感覚で、大胆に。
そして、仕上がったものを着たときのこどもたちの笑顔。
撮影のときに大泣きしたモデルの子。
後から聞いたら「あれが絶対着たかったの……」と。
ほかの子が着ていて、悲しくなってしまったのだとか。
お母さんだったら、きっと大好きなアイテムを一緒に楽しく作れますね。
ぜひ、気負わずに、楽しんで作っていただけたら嬉しいです。

macaron あんどうまゆこ

3

発表会やハロウィンで大活躍！かわいい簡単手作り衣装

# こどもの手作り仮装コスチューム
## Contents

はじめに……2

## 発表会やイベントの仮装コスチューム

プリンセス……8
プリンス……9
花の妖精……11
雪の女王……12
マーメイド……14
セーラーマン……15
チアガール……16
クリスマスツリー……17
はち……18

## ハロウィンの仮装コスチューム

おばけちゃん……22
海賊……24
魔女……25
くり……28
かぼちゃ……29
パンクガール……32
ドラキュラ……34
エンジェル……36
うさぎ……38
トランプマン……39
くろねこ……40

## Formal Coordinate……42

かわいい小物……44

## 作り方……49

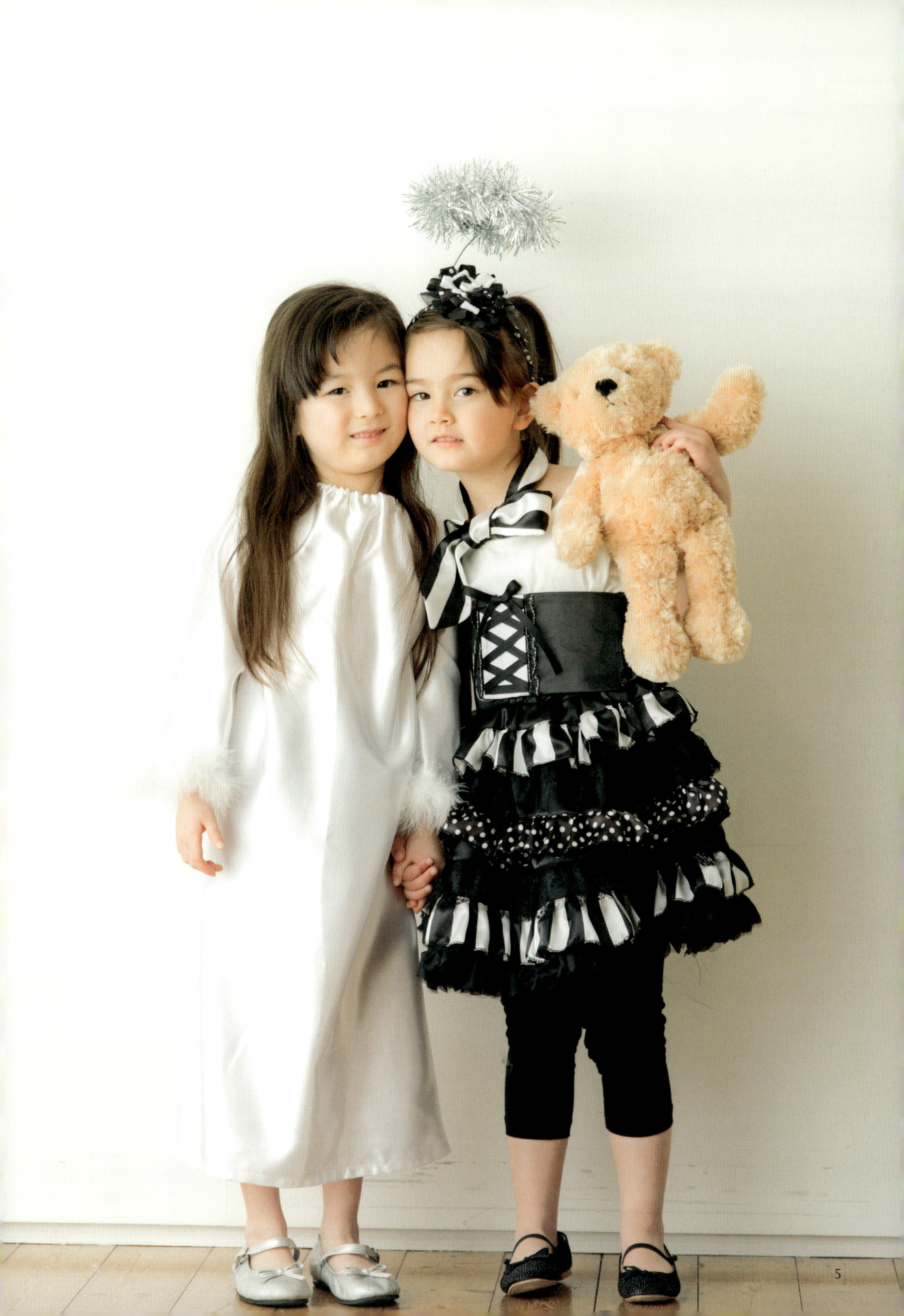

# 発表会や
# イベントの
# 仮装コスチューム

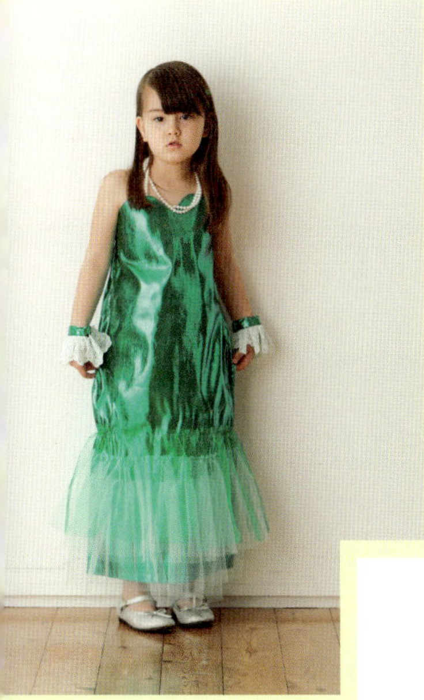

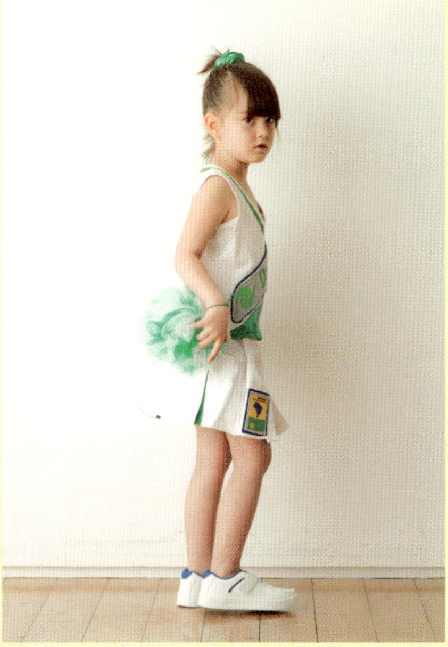

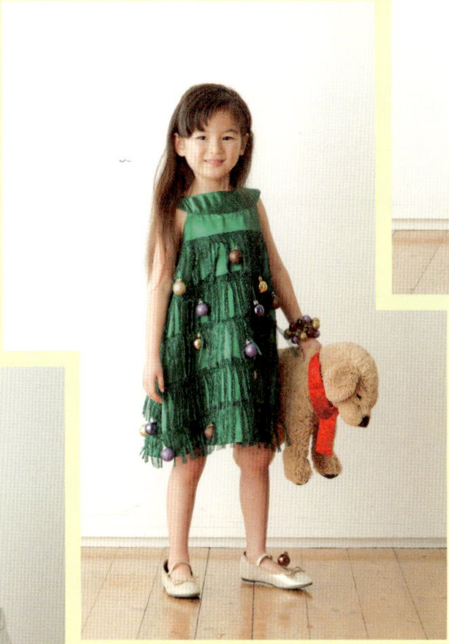

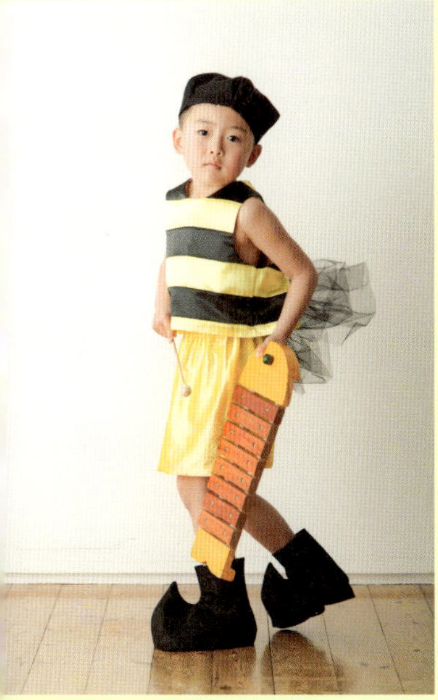

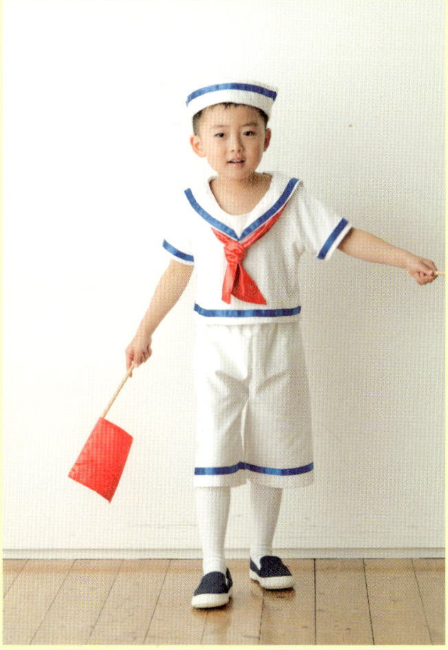

# A

## プリンセス

トップ部分は既製品のキャミソールを
カットして、フェルトを貼ったり、
ブレードを縫いつけてアレンジ。
ふわっと広がったスカートで、
自然とお姫様気分も盛り上がります。

作り方 p.54
難易度 ★★

Back Style

## B
### プリンス

赤い生地とダルメシアン柄の
フェイクファー使いで、かわいくて
かっこいいプリンスのできあがり。
パンツは、しましま模様の生地や
1色使いの生地を使えば、
作るのがもっとかんたんに。

作り方 p.56
難易度 ★★

Back Style

プリンスとプリンセスは、みんなのあこがれ！

## C
### 花の妖精

てろんとしたやわらかい生地で、
花の妖精をイメージしたワンピースです。
背面で大きなリボンを結び、
後ろ姿も抜かりなくかわいい！

作り方 p.60
難易度 ★★

Back Style

## D
### 雪の女王

ラメ生地のドレスに、チュールで作った
ケープを縫いつけました。
ボレロはタイツをカットしただけ！
ヘアアクセサリーも手作りです。

作り方 p.62
難易度 ★★

Back Style

# E
## マーメイド

かわいくてちょっとセクシーな
マーメイドのドレス。
背中部分にはゴムを縫いつけて、
シャーリングを作りました。

作り方 p.64
難易度 ★★★

Back Style

# F

### セーラーマン

トップスのセーラーカラーシャツは、
既製品のTシャツをアレンジしたもの。
本作品ではスカーフも手作りしましたが、
手持ちのものを使ってもOKです。

作り方 p.66
難易度 ★★

Back Style

## G
### チアガール

女の子に大人気のチアガール！
ワッペンは、古着屋さんで300円で
購入したブラジルカラーの
ロゴつきカットソーを利用しました。

作り方 p.68
難易度 ★★

Back Style

## H
### クリスマスツリー

フリンジがついたシンプルな
ワンピースに、クリスマスの
オーナメントをぶら下げました。
オーナメントをつけなければ、結婚式など
フォーマルなシーンでも使えます。

作り方 p.70
難易度 ★

Back Style

# I
## はち

帽子からシューズカバーまで、
すべて作りました！
男の子と女の子、どちらが着ても
とってもかわいい、はちのコスチュームです。
トップスはしましまの生地を使えば、
もっとかんたんに。

作り方 p.72
難易度 ★

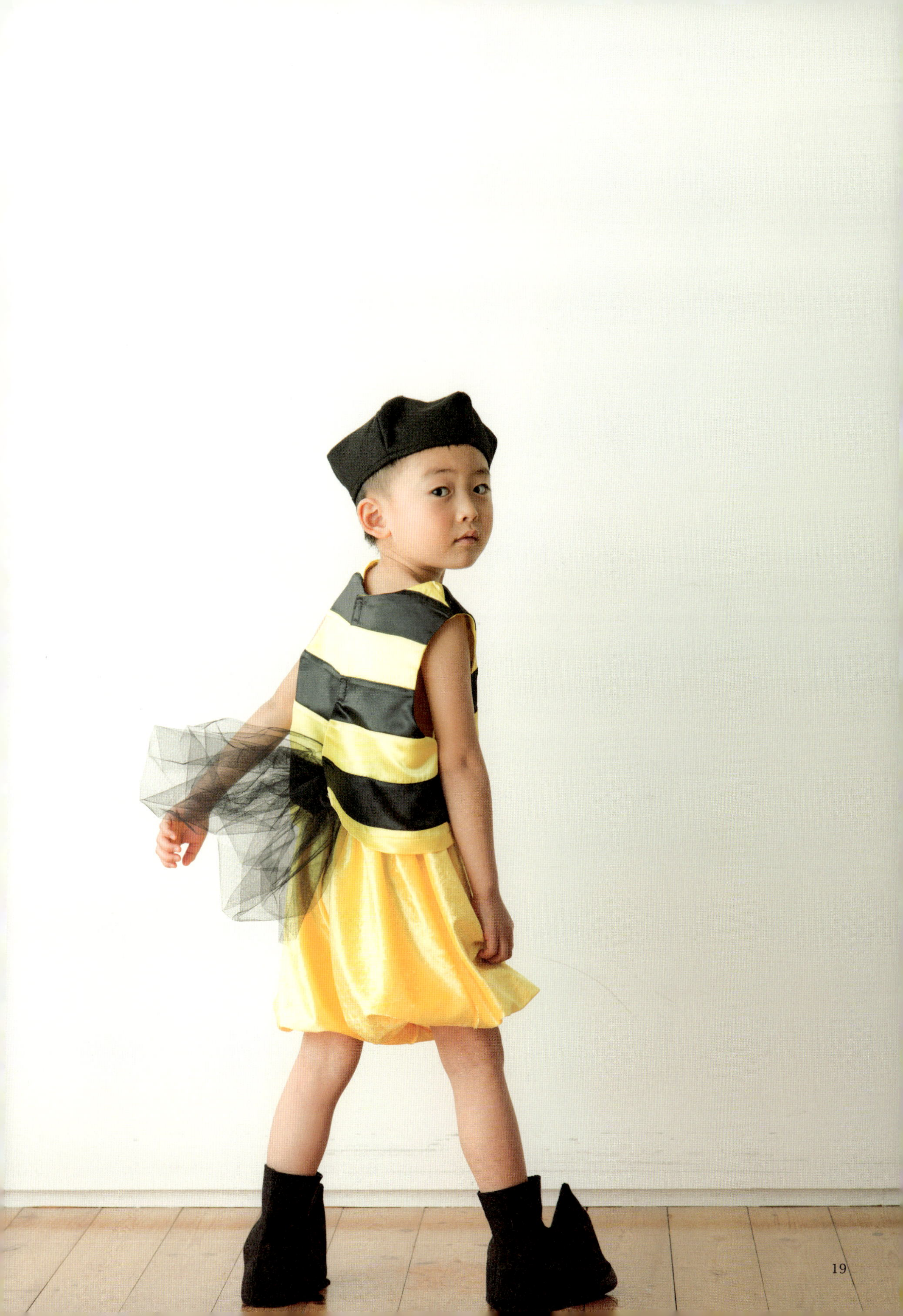

# ハロウィンの
# 仮装コスチューム

21

## J
### おばけちゃん

トップスは既製品のキャミソールを利用。
顔のパーツは、かんたんに
取り外しができるよう、
裏面に安全ピンをつけています。
顔のパーツを外せば、
花嫁さんみたいなドレスに。

作り方 p.74
難易度 ★

Back Style

ハロウィンの主役は、
やっぱりおばけちゃんとかぼちゃ！

# K

## 海賊

フリルつきのブラウスは、大人用の
既製品のブラウスを
アレンジして作りました。
スカーフも既製品ですが、
頭に巻いてから帽子をかぶると
グンと雰囲気が出てかっこくなります。

作り方 p.76
難易度 ★★

Back Style

# L
## 魔女

トップスは既製品のTシャツの袖に、
チュールのフリルを縫いつけただけ。
スカートは輪にしたゴムに、チュールを
どんどん結ぶだけでできあがります。

作り方 p.75
難易度 ★

Back Style

小さい魔女、みぃつけたぁ！

27

# M
## くり

くりのかたちの帽子、いがぐりを
イメージしたワンピース型トップス、
足元にもいがぐり、手元には葉っぱ。
全身まるごとくり！で、秋を満喫。

作り方 p.78
難易度 ★★

Back Style

## N
### かぼちゃ

ワンピース型トップスは、左ページの
くりと同じ作り方でできます。
シルエットをほんもののかぼちゃのように
丸くすると、かわいらしさがアップ！

作り方 p.80
難易度 ★★

Back Style

これからみんなで、
お菓子をもらいに出かけよう！

HAPPY HALLOWEEN
HAPPY HALLOWEEN
HAPPY HALLOWEEN
HAPPY HALLOWEEN

## 0
### パンクガール

フリルのスカートに
インパクトがあるパンクガール！
フリルの分量の多いので、作るのに
ちょっと手間はかかりますが、
できあがったときの喜びは大きいです。

作り方 p.82
難易度 ★★★

Back Style

# P

## ドラキュラ

両腕を広げると、コウモリの
翼のようになるケープがかっこいい！
カマーバンドを1枚作っておくと、
男の子のいろいろな
コスチュームに使えます。

作り方 p.84
難易度 ★★

35

## Q
### エンジェル

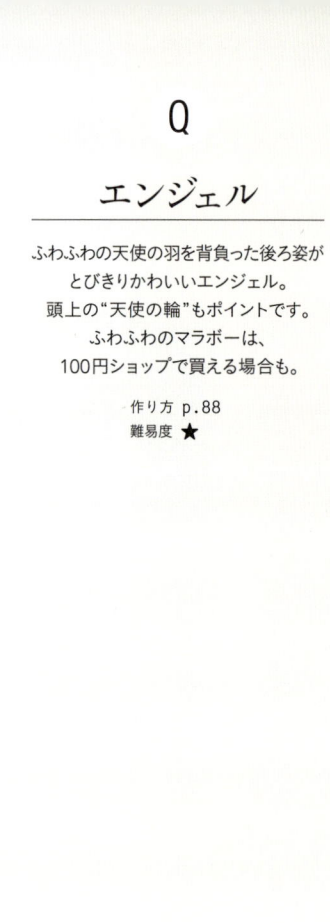

ふわふわの天使の羽を背負った後ろ姿が
とびきりかわいいエンジェル。
頭上の"天使の輪"もポイントです。
ふわふわのマラボーは、
100円ショップで買える場合も。

作り方 p.88
難易度 ★

Back Style

エンジェルとパンクガールの
チカラの比べっこ。

## R
### うさぎ

モコモコがかわいい、
うさぎのコスチューム。
トップスははち (p.18)、パンツは
プリンス (p.9) と同じパターンで
作ることができます。
男の子が着ても絶対にかわいい！

作り方 p.85
難易度 ★★

Back Style

## S
### トランプマン

トランプを模したトップスは、
フェルトで作っているため、
切りっぱなしでOK。
パンツはドラキュラ (p.34) と
同じパターンで作ることができます。

作り方 p.90
難易度 ★★

Back Style

## T
### くろねこ

カチューシャ、蝶ネクタイ、ベスト、
パンツ、カフス、しっぽの
6アイテムを作って完成させたくろねこ。
ベストは素肌に着たほうがかわいいです。

作り方 p.92
難易度 ★★

Back Style

# Formal Coordinate

この本のなかの仮装コスチュームは、飾りを取り外したり、
組み合わせをちょっと変えれば、結婚式などのフォーマルなシーンでも着られます。
ママさんスタイリストとして、いろいろな組み合わせを考えてみてください。

**K** 海賊ブラウス + **P** ドラキュラの
カマーバンド + **P** ドラキュラのパンツ

**H** クリスマスツリーワンピース
（オーナメントを取り外した）

**J** おばけちゃんワンピース（顔のパーツ
を取り外した）+ **D** 雪の女王のボレロ

既製品のシャツ＋⓸くろねこの蝶ネクタイ＋
⓸くろねこのベスト＋既製品のパンツ

# かわいい小物

コスチュームをより華やかにしてくれる、かわいい小物。
違うコスチュームに合わせてみるのもいいし、
普段使いできるものもあります。

## ヘアアクセサリー

**1 雪の女王のヘアアクセサリー**
長いヘアゴムに、雪の結晶のオーナメントを縫いつけました。
作り方 p.62

**2 ねこカチューシャ**
既製品のカチューシャに、厚みのある耳をつけてキュートに。
作り方 p.92

**3 パンクガールのカチューシャ**
花のコサージュを作って、既製品のカチューシャにつけました。
作り方 p.82

**4 チアガールのシュシュ**
コスチュームの余り生地をわにして縫って、ゴムを通して作ります。
作り方 p.68

**5 花のヘッドドレス**
100円ショップで購入した、茎がワイヤーの造花を使ってかんたんに。
作り方 p.60

# 帽子

### 6 くり帽子
きれいなくりのかたちにするためには、張りのある生地を使います。
作り方 p.78

### 7 トランプマンハット
いろいろなコスチュームに合わせやすい帽子。ひとつ作っておくと便利です。
作り方 p.90

### 8 かぼちゃ帽子
コットンの生地などで作れば、普段使いにもできます。
作り方 p.80

### 9 魔女ハット
トップとブリムの縫い目は、チュールを巻くと見えなくなるので、きれいでなくても大丈夫。
作り方 p.75

### 10 セーラーハット
青いリボンは、縫いつけずに洋裁ボンドで貼るだけでもOK！
作り方 p.66

### 11 うさぎフード
針金を使って、耳がピンと立つように仕上げました。ポンポンもつけてよりかわいらしく。
作り方 p.85

### 12 王冠
立体感を出すと、ゴージャスな雰囲気に仕上がります。
作り方 p.58

### 13 海賊ハット
同じかたちのパーツを縫い合わせるだけと、作り方はとてもかんたんです。
作り方 p.76

## 手や足に身につける小物

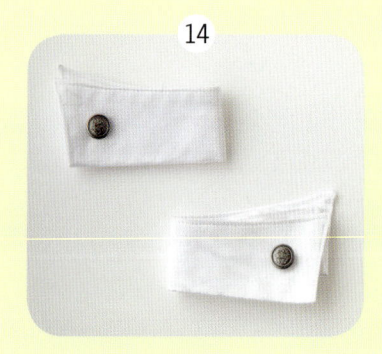

### 14 くろねこのカフス
マジックテープで着脱できるので、こどもでもラクにつけられます。
作り方 p.92

### 15 マーメイドのリストバンド
幅広のレースをつけて、華やかに仕上げました。レースはカーテン生地などの安価なものでOK。
作り方 p.64

### 16 葉っぱのシューズクリップ(左)／葉っぱのブレス(上)／落ち葉のブレス(下)
かぼちゃとくりのコスチュームで使用。
作り方 p.78,80

### 17 いがぐりシューズクリップ
フェイクファーをぐし縫いしてボール状に。普通の靴につけるだけで一気にくり感が!
作り方 p.78

### 18 うさぎのミトン
手首の部分にゴムを入れるので、大きめに作っても手から脱げません。
作り方 p.85

### 19 うさぎシューズクリップ
クリップを縫いつけるのが面倒な場合は、靴に直接両面テープや安全ピンでつけてもOK。
作り方 p.86

### 20 はちのシューズカバー
普通の靴の上にかぶせるタイプ。底にゴムをつけているので、かんたんには脱げません。
作り方 p.72

### 21 クリスマスツリーのブレスレット
クリスマス用のオーナメントを使用。鈴などを混ぜてもかわいいです。
作り方 p.70

### 22 花のブレスレット
花のヘッドドレスと同様に、100円ショップで購入した造花を使用しました。
作り方 p.60

# ほかのいろいろ

### 23 くろねこのしっぽ
針金に綿を巻きつけたものを中に入れて作ると、自由にかたちづけられます。
作り方 p.92

### 24 トランプマンの蝶ネクタイ
裏側に安全ピンを縫いつけたブローチタイプの蝶ネクタイです。
作り方 p.90

### 25 くろねこの蝶ネクタイ
ベルト部分につけたマジックテープでとめるタイプの蝶ネクタイ。
作り方 p.92

### 26 チアガールのポンポン
チアガールのマストアイテム！シューズクリップにしてもかわいい。
作り方 p.68

### 27 海賊のサーベル
油はねガードになる、ガスレンジカバー用アルミシートを使えばかんたん！
作り方 p.76

### 28 魔法の杖
材料は厚紙と割り箸。工作気分でこどもと一緒に作りましょう。
作り方 p.75

### 29 セーラーマンの旗
布で作りましたが、面倒ならば色画用紙でもOK！
作り方 p.66

### 30 はちの羽
チュールをリボンのかたちにしてベルトをつけました。腰に巻きつけます。
作り方 p.72

### 31 プリンセスのネックレス
ヘッドの部分は、段ボールに金のテープを貼りつけました。
作り方 p.54

### 32 パンクガールのネクタイリボン
いろいろなコスチュームに合わせられ、普段使いにもできます。
作り方 p.82

### 33 クリスマスツリーのヘッドドレス
頭頂部に星がくるようにして、あごのところでリボンを結びます。
作り方 p.94

### 34 エンジェルの羽
ふわふわの羽と天使の輪を一体化させました。背中に背おうようにしてつけます。
作り方 p.88

### 35 スカルハロウィン キャンディバッグ
ハロウィンのおばけちゃんドレスに合わせて作りました。
作り方 p.94

### 36 かぼちゃハロウィン キャンディバッグ
ハロウィンのどんなコスチュームとも相性バッチリ！もらったお菓子入れに。
作り方 p.94

### 37 くろねこハロウィン キャンディバッグ
かぼちゃバッグの型紙に耳をつけて作りました。普段のお出かけバッグにしても。
作り方 p.94

### 38 ロザリオ
エンジェルのコスチュームに合わせてつけたいネックレス。
作り方 p.94

# 作り方

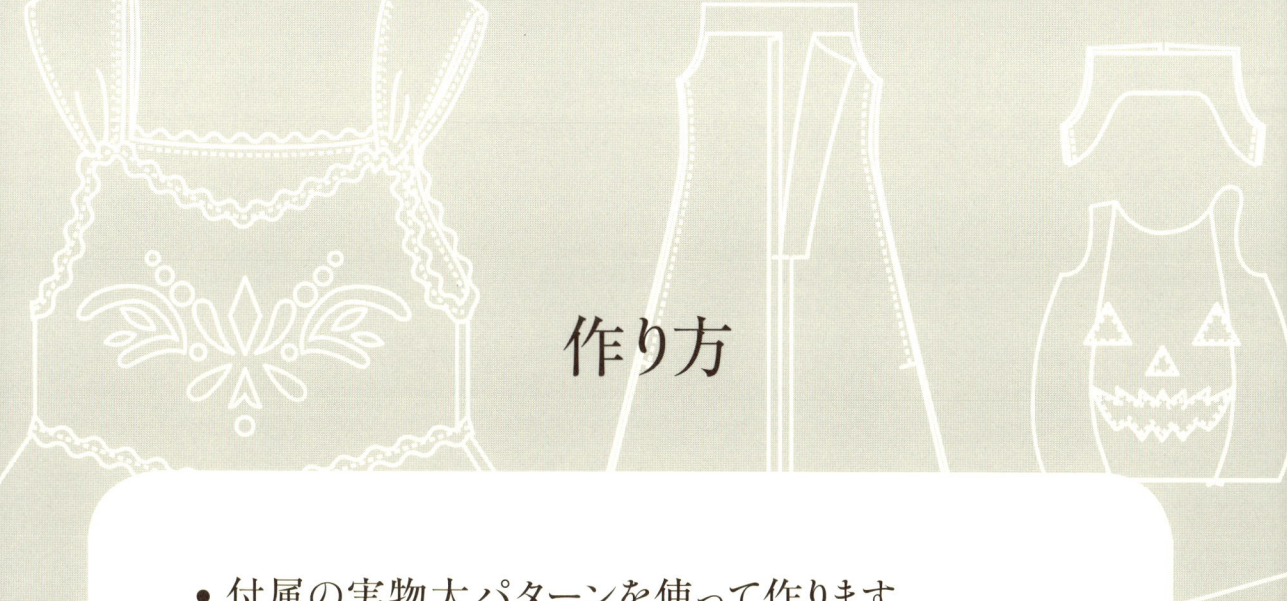

- **付属の実物大パターンを使って作ります**

  ほとんどのパーツの実物大パターンはありますが、正方形や長方形の直線だけのパーツに関しては、実物大パターンがありません。実物大パターンのあるものには、それぞれの作り方に明記している〈パーツ〉でグレーの色がついています。

- **実物大パターンには、縫い代が含まれています**

  パターンの端や作り方のイラストに、1や1.5などの数字が明記されています。これが縫い代の寸法になります。0や何も記載がない場合は、切りっぱなしでOKです。

- **布目は気にしないでカットして大丈夫！**

  普段着のように頻繁に着るものではない仮装コスチュームということで、布目を気にしないでカットしてください。布に無駄が出ないよう、効率よくカットして大丈夫です。

- **おおらかな気持ちで作りましょう！**

  仮装コスチュームはとびきり楽しいときに着るもの。作るときだって、楽しい気持ちでいたいものです。ちょっとくらい曲がったり、切りすぎてしまっても気にしない！気にしない！！ 縫うのが面倒ならば、セロテープやホチキスでとめたっていいのです。

# 作る前に、知っておいてほしいこと

## 手間は省いてかんたんに！

洋裁は苦手だから……という方もいらっしゃるかもしれません。
でも、考え方を変えてみるだけで、意外と別の方法でかんたんに作れたりします。
ミシンがあまり得意でない場合は、両面テープでとめたり、
洋裁ボンドで貼ってしまったり……。
工作をする感じで、気軽に楽しく作ればOK！
この本で作る仮装コスチュームは、毎日着るものではありません。
ですから、ガンガン洗濯する必要もなし。
ということは、洗濯にも耐えうるタフなものでなくていいのです！
機能的なのに越したことはありませんが、いらない機能はなくても平気。
省ける手間は省いて、かんたんに！！
「作り方」には、かんたんにできることや、
逆にここだけは押さえておきたいポイントをまとめておきました。
テクニックがなくても、きれいに仕上がるポイントなので、
チェックしながら作ってみてください。
慣れてきたら、同じ型紙で、生地を変えたり、
アレンジして作ると普段着にも使えます。
洋裁の「第一歩」として、コスチュームから挑戦するのもよいと思います。
究極、「紙とのりとセロテープとホチキスで服は作れる！」
くらいな感じでいいと思うのです。

## サイズについて

本作品はすべて110cm用に作っています。
こどもによっては、110cmの身長でも
「パンツは100cmだけど、トップスは120cm」ということもありますね。
そんな場合は、作りながら「ちょっと、どのくらいか見せて」と
こどもにモデルになってもらえば、ぴったりのサイズを作ることができます。
普段着ている洋服と実物大パターンを比べてみると、雰囲気がよくわかるはず。
応用がきくように、ウエストはゴムにしたり、リメイクも参考サイズで記載しました。

## 材料について

できるだけ安く、手に入りやすいものを使いました。
お母さんの着なくなったお洋服だって使えます。
わざわざ揃えず、周りを見回してみてください。
最近は100円ショップなども、洋裁道具が充実しています。
今回、とてもよく利用したのは、大きめのフェルト、リボン、
アクセサリーパーツなど。
手芸屋さんで購入すると、材料を探すのが大変だったり、
意外と高額になってしまいます。
ぜひ、100円ショップの洋裁コーナー、ラッピングコーナーなどを
覗いてみてください。
糸やボタン、マジックテープなども揃っています。

ただし、100円ショップのフェルトは、やや薄手です。
その場合は、接着芯を貼ることでカバーできます。
詳しくは「接着芯について」をご覧ください。

## 道具について

材料には、必要な糸などは記載していません。
**最低限必要のもの**……裁断バサミ・手縫い用の針・待ち針・ミシン糸・定規・アイロン・ミシン・手縫い糸・メジャー
**あるとかなり便利なもの**……目打ち・ゴム通し・接着芯
**裏ワザ的に利用できるもの**……両面テープ・洋裁ボンド・マスキングテープ
**使いこなすと本当に便利なもの**……手腕！・100円ショップ・柔軟な発想力

## 布目について

服作りの本を見ると、裁断方法について、細かく型紙の配置が書かれていて、
布地の向きも決まっていますね。
確かに、本格的に作る場合、布目は非常に大事です。
向きによって生地が伸びてしまったり、
逆に利用することできれいなラインが出たり。
ジャケットなどは、着たときの体感の重量も変わります。
でも、コスチュームは基本的に特別な日にしか着ないし、
お手軽に作っていただきたかったので、記載はしていません。
よっぽどでないかぎり、余った部分を斜めに裁断してもよいのです！
気をつけていただきたいのは、フェイクファーの扱い。
毛の向きを逆に組み合わせると、縫いにくいうえに、
あっちこっちに毛足が向いてます。
でも、これも「味」で、私はなかなかおもしろい感じになると思っています。
間違ってカットしてしまっても、ご愛嬌。そのまま、作り続けても大丈夫！

## 布の始末について

パターンどおりに生地を裁断し、さあ縫おう！でも縫い代ってどうするの？
という方に。
一般的には、縫い代はロックミシンで始末をすることで、
ほつれず、きれいに仕上がります。
でも、ロックミシンなんて、持っていない方がほとんどではないでしょうか。
ミシンにジグザグ縫いの機能があれば代用できますが、
意外と時間がかかり、縫いにくいのがホントのところ。
そこは、コスチューム！毎日ざぶざぶ洗濯するわけではありません。
コットンなどでほつれにくければ、切りっぱなしでも大丈夫。
サテンなど、切りっぱなしだとポロポロ切り端が出てくるようなら、
5mmほど余分に縫い代をつけて、ジグザグハサミでカットしてもいいでしょう。
がんばれそうなら、ジグザグミシンでかがっておけば、もっと安心です。

## アイロンについて

コスチューム用の生地には、普段着ではほとんど使わない
サテンやチュールなどがあります。
アイロンの温度によって、縮んでしまうことがあるので注意しましょう。
化繊の生地は中温、コットンやウールは中〜高温でかけましょう。
ミシンをかけるたび、こまめにアイロンをかけておくときれいに仕上がります。
このひと手間で、仕上がりにグンと差が出ます。
常にミシンと並行して作業を進めることをおすすめします。

## 接着芯について

布に張りをもたせたり、強度を高めたり、伸びどめに使ったり。
また、穴やかぎ裂きができてしまったときには補強して繕ったり……と
影の立役者であるのが「芯地」です。
慣れない方は、不織布の接着芯が1枚あると便利です。
不織布は色のバリエーションは少ないものの、扱いやすいため初心者に最適。
生地屋さんでカットして袋詰めされている「厚手」「薄手」をよく見かけます。
この本では、「厚手」を使いました。
100円ショップのフェルトは薄手なため、この接着芯を貼っておくと、
帽子などもしっかりします。
本体のパターンと同じ大きさで(縫い代部分も)カットして貼ってください。
[接着芯を使うときの注意点]
・アイロンでしっかりつけてください。
・よく見ると、のりがついているほうがツルツル光っています。
　くれぐれものりのついているほうにアイロンをかけないように!
・本体の生地はシワにならないように丁寧に広げ、その上に接着芯をのせ、
　高温でアイロンをかけます。
・アイロンを動かしながらかけると、ずれたりシワになるため、
　端から押さえるようにかけましょう。
・気づかないうちに、のりが染み出してアイロンのかけ面が
　汚れることがあります。当て布をしておくと安心です。

## パンツについて

「パンツって難しそう……」。いいえ、実はとってもかんたんです!
コスチュームなので、ポケットなどがなく、作りは非常に単純。
パーツも2枚でできるものがほとんど。
ウエストもゴムなため、ちょっとぐらい縫い目が曲がってもわかりません。
慣れたら、別の生地で普段着のパンツを作れるようになるはずです。

## 見返しについて

「見返しって何?」と思う方もいらっしゃると思います。
見返しとは、トップスの前合わせなどの裏、衿ぐりや袖ぐりなどの縫い代が
表に見えないようにしたり、補強したりするためのパーツです。
見返しをつけることにより、衿ぐりや袖ぐりなどのカーブは、
きれいに、しっかり仕上がります。
見返しは省いてもよいのですが、
カーブの部分の縫い代をそのまま押さえて縫うのは、逆に難しいのです。
ボンドで貼っても、あまりきれいにできません。
ラクをするつもりで、ぜひ見返しに挑戦してみてください。
できあがりに縫ってひっくり返せば、とてもきれいに仕上がります。
［見返しをつけるときの注意点］
・カーブの部分が多いため、縫った後、ひっくり返す前に縫い代をできあがりに
　アイロンをかけておくこと。
・カーブの部分は切り込みを入れること。
・余分な縫い代はカットしておくこと。


## 実物大パターンの使い方

本書のコスチューム名の前についているアルファベットが、
実物大パターンに明記されています。
作りたいコスチュームのアルファベットが明記しているパターンの上に、
薄く透けるハトロン紙などを重ねて写します。
合い印やフリルつけ位置なども忘れずに写します。
縫い代分は含まれていますので、紙に写したらそのままカットします。
その紙を布の上に置き、パターンが動かないように待ち針でとめ、
布をハサミでカットします。
カットした布端から縫い代分内側のラインができあがり線になります。
ミシンに縫い代ガイドラインがついている場合は、利用するととてもラクです。


## 難易度について

p.8〜40の作品紹介のなかで明記している「難易度」は、
高度な技術は必要ありませんが、パーツが多くて手間のかかるものほど、
★の数を多くしています。
最も手間のかからないのが★1つで、最高が★3つです。
ただし、あくまでも目安ですので、
★3つの作品にも、ぜひ挑戦してみてください。

## A プリンセス
p.8

### [材料]
◆ワンピース
- 既製品のキャミソール（黒）1枚
- フェルト（赤・緑・紺）適量
- コットン（ブロードなど）115㎝幅×130㎝

※作品は柄がタテ方向に出るように、布目に沿って生地を裁断している。使う柄によって、柄を合わせる必要が出てくる場合もあるため、分量は柄を考慮して用意してください。

- 別珍（オーガンジーなどでも可）112㎝幅×15㎝
- ブレード（金）2㎝幅×200㎝くらい

◆ネックレス
- リボン1㎝幅×100㎝くらい
- 金ボタン1個※本作品では直径3㎝のものを使用。
- 段ボール・金のテープ・針金

### [作り方の順番] ＊は図を参照
◆ワンピース
1 既製品のキャミソールをこどもに合わせてカットする場所を決め、印をつけておく。
2 フェルトを好みの形にカットして、バランスを見ながら洋裁ボンドで貼りつける。＊
3 実物大パターンに合わせてスカートの生地をカットし、脇を縫い合わせる。縫い代は割って、アイロンをかける。
4 裾をできあがりにアイロンをかけ、まつる。＊
5 スカートを1のキャミソールに中表に合わせて縫う。＊
6 縫い代をキャミソール側に倒してアイロンをかけ、縫う。＊
7 肩部分の布を作る。両脇をできあがりに折って、縫う。＊
8 両脇をぐし縫いして、縫い縮める。＊
9 キャミソールの肩ひものつけ根にとめつける。＊
10 ブレードをウエスト部分、胸元から身頃周りにぐるっと縫いつける。＊

◆ネックレス
1 段ボールを適当な大きさに丸くカットする。
2 1の全体に金のテープを貼りつけ、コインのようにする。
3 金ボタンをつける場合、ボタンの足（縫いつける用の穴のでっぱり）がある場合は、段ボールの土台中心に目打ちで穴を開け、埋め込むようにして、ボンドや針金でとめつける。
4 細めの針金を2㎝くらいにカットし、丸かんを作る（リボンを通すためのリング状の金具。少し縦長の小判形にしておくとよい）。
5 リボンを通す。
**POINT!** カットした部分には、洋裁用ボンドをつけ、ほつれないようにしておく。
6 装着するときに、リボンを結んで、チョーカーのようにするとかわいい。

◎グレーの色がついたパーツは実物大パターン有り

〈ワンピースのパーツ〉
- スカート後ろ 1枚（コットンなど）
- スカート前 1枚（コットンなど）
- 肩布 2枚（別珍など）

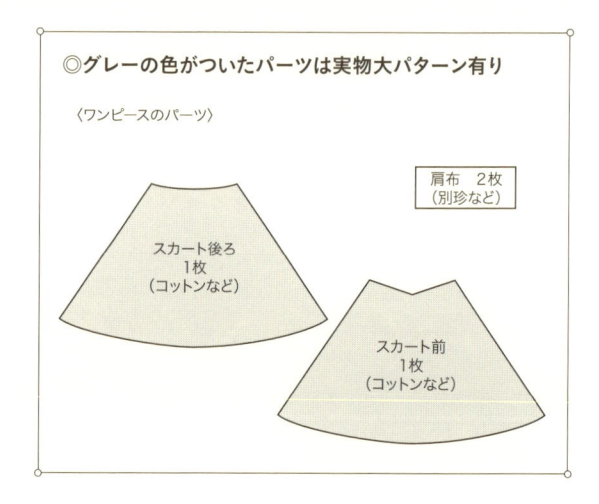

### 1 既製品のキャミソールカットする
**かんたん！** 前中心は、V字にカットしているが、難しそうならまっすぐでもOK。縫い合わせてからブレードをつけてしまうので、そんなに難しくはない。

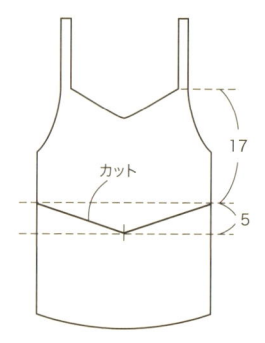

17
5
カット

### 2 フェルトを好みの形にカットして、貼る
**POINT!** 貼りつけてからアイロンをかけておくと、なじんできれいに仕上がる。
つけ終わったら、1の印に合わせて、縫い代をつけてカットする。

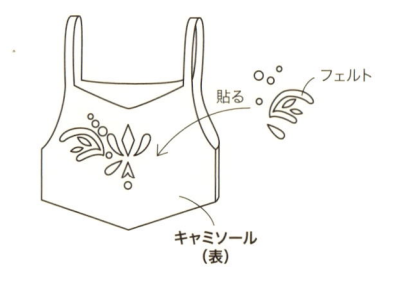

フェルト
貼る
キャミソール（表）

## 3

## 4 スカートの脇を縫い合わせ、縫い代は割って、アイロンをかけ、裾をまつる

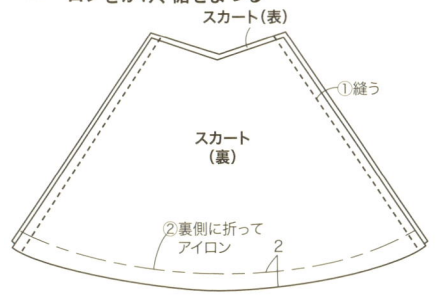

スカート(表)
①縫う
スカート(裏)
②裏側に折ってアイロン 2

## 5 スカートをキャミソールに中表に合わせて、縫う

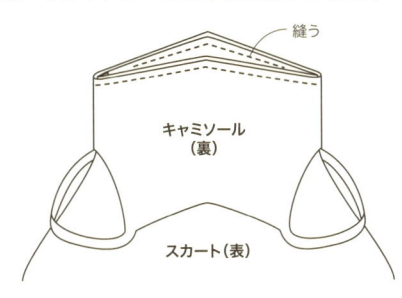

縫う
キャミソール(裏)
スカート(表)

## 6 縫い代を倒してアイロンをかけ、縫う

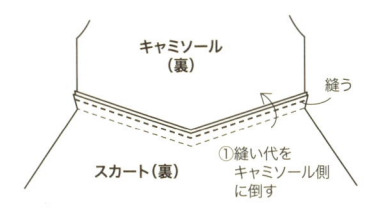

キャミソール(裏)
縫う
スカート(裏)
①縫い代をキャミソール側に倒す

## 7 肩部分の布を作る

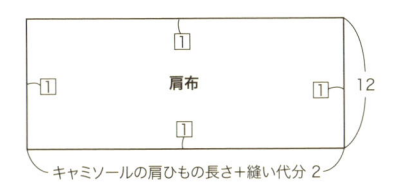

肩布
12
キャミソールの肩ひもの長さ+縫い代分 2

## 8 両脇をぐし縫いして、縫い縮める

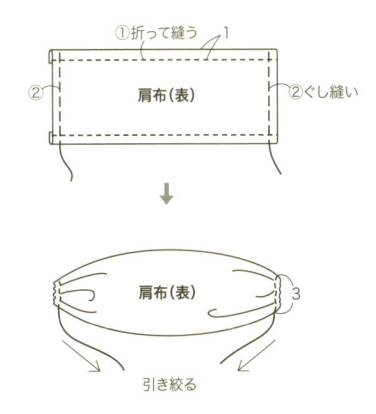

①折って縫う 1
②
肩布(表)
②ぐし縫い

肩布(表) 3
引き絞る

## 9 キャミソールの肩ひものつけ根にとめつける

POINT! ブレードで隠してしまうので、表側につけて大丈夫!

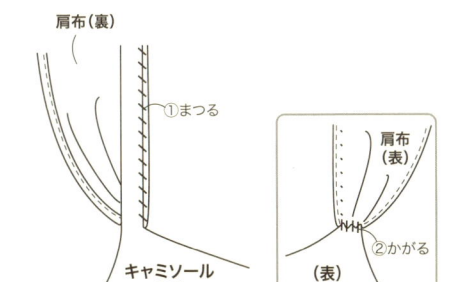

肩布(裏)
①まつる
キャミソール(裏)
肩布(表)
②かがる
(表)

## 10 ブレードを縫いつける

POINT! ブレードのカットした部分には、洋裁用ボンドをつけて、ほつれないようにしておく。
かんたん! 洋裁用ボンドで貼ってもOK。

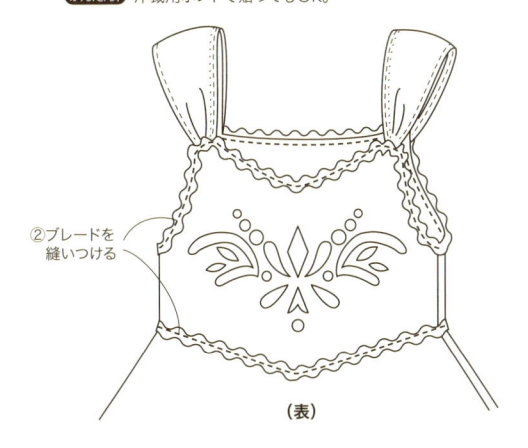

②ブレードを縫いつける
(表)

## B プリンス
p.9

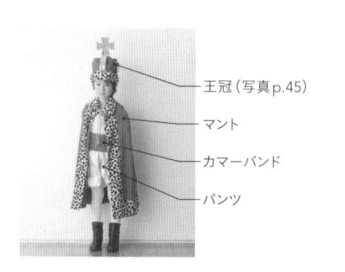

**[材料]**
- マントと王冠の本体、カマーバンドはコットンやウールなど(本作品ではアムンゼンを使用)115cm幅×140cm
- ※フリースを使うと切りっぱなしでも大丈夫なのでかんたん。その場合は衿ぐりと脇に縫い代をつけて裁断してください。

♦マント・王冠
- フェイクファー 150cm幅×40cm
- 金ボタン直径3cm×2個〈マント〉※かんたんバージョンはボタンなし。
- 金の丸ひも 100cm〈マント〉
- 厚紙 60cm幅×30cm〈王冠〉
- 金色の紙・折り紙・ホイル・金テープ・プラスチックパーツなど適量〈王冠〉

♦パンツ
- サテン(金・白)各95cm幅×50cm ※ストライプの生地を使ってもOK。
- ゴム 1cm幅×180cm

♦カマーバンド
- サテン(白)95cm幅×50cm×100cm
- 接着芯 100cm幅×30cm

**[作り方の順番]** *は図を参照

♦マント
1. 実物大パターンに合わせて飾りのフェイクファーをカットする。*
2. 本体の前後の身頃を中表に合わせて縫う。
3. 身頃にフェイクファーを中表に合わせて縫う。*
4. 縫い目を折り、アイロンをかけて表に返す。*
5. 1でかけておいたアイロンの折り目に沿って、ミシンで縫いとめる。*
6. 衿を作る。*
7. 本体と衿を合わる。*本体外側に衿を待ち針でとめ、衿ぐりを縫う。縫い代を内側に倒して縫う。
8. ループをとめるボタンをつける。
   かんたん! ボタンをつけず、衿のつけ根にひもをまつりつけてもOK。
9. ひもを結んでループにする。*

♦パンツ
1. 2色の生地をそれぞれカットし、縫い合わせて1枚の布にする。*
2. 実物大パターンに合わせて生地をカットする。*
3. 股下を中表に合わせて縫う。*
4. 3の片方を表に返す。
5. 中表に重ね、股ぐりを縫う。
6. 2で折った折り目を目安に、ウエストを縫う。*
7. ゴムを2本通すため、6で縫ったウエスト部分の中心に、もう1本ミシンをかける。*
   かんたん! 面倒ならば、省いても大丈夫。
8. 同様に裾部分も折り返してミシンをかける。
9. ウエストと裾にゴムを通して結ぶ。

## ♦マント

◎グレーの色がついたパーツは実物大パターン有り

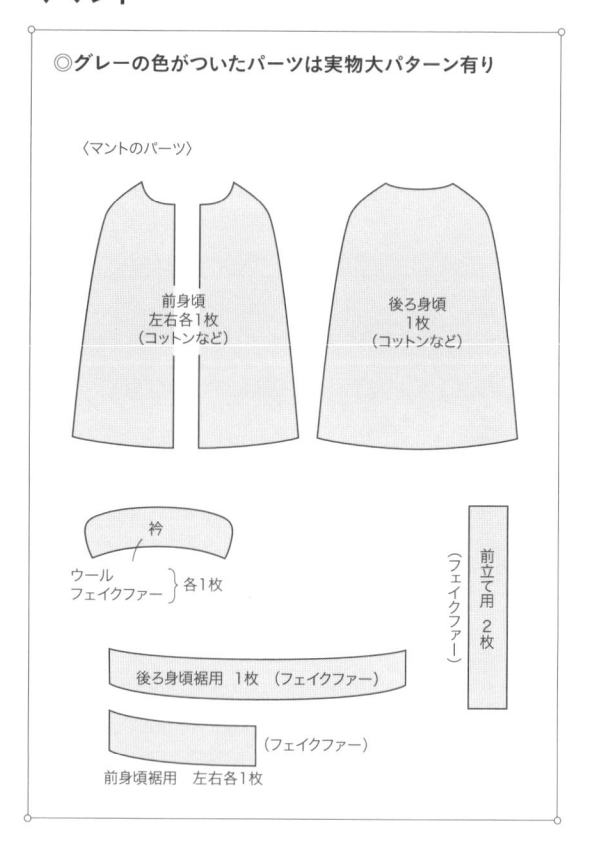

〈マントのパーツ〉
- 前身頃 左右各1枚(コットンなど)
- 後ろ身頃 1枚(コットンなど)
- 衿 ウールフェイクファー 各1枚
- 前立て用 (フェイクファー) 2枚
- 後ろ身頃裾用 1枚 (フェイクファー)
- 前身頃裾用 左右各1枚 (フェイクファー)

### 1 フェイクファーをカットする
前立て用パーツの片側のみ、1cmのところでアイロンをかける。前身頃裾用と後ろ身頃裾用の脇を縫い、上側部分を1cmのところでアイロンをかける。前立て用と裾部分を直角に縫い合わせる。

かんたん! 毛足の短いフェイクファーであれば、切りっぱなしでもほつれてこないので、そのままでも大丈夫。

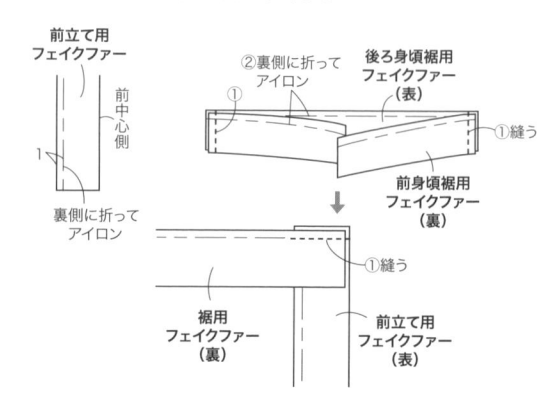

- 前立て用フェイクファー
- ②裏側に折ってアイロン
- 後ろ身頃裾用フェイクファー(表)
- ①縫う
- 前中心側
- 裏側に折ってアイロン
- 前身頃裾用フェイクファー(裏)
- 裾用フェイクファー(裏)
- 前立て用フェイクファー(表)

### 3 4 身頃にフェイクファーを縫い合わせ、縫い目を折って、アイロンをかけて表に返す

POINT! 角は余分な縫い代をカットして、目打ちで表に返す。

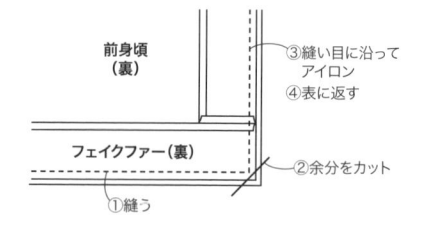

- 前身頃(裏)
- ③縫い目に沿ってアイロン
- ④表に返す
- フェイクファー(裏)
- ②余分をカット
- ①縫う

**5　アイロンの折り目に沿って、ミシンで縫う**

POINT！▶身頃にシワが寄らないよう、きれいに広げて待ち針を打つ。

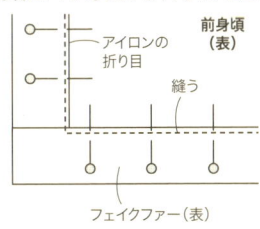

**6　衿の表地（フェイクファー）と裏地（身頃と同生地）を中表に合わせ、外周を縫う**

縫い代を倒してアイロンで押さえ、カーブの部分の縫い代に切り込みを入れて表に返し、できあがりにアイロンをかける。

POINT！▶衿ぐりの縫い代を仮どめで縫っておくと、本体につけるときにラク。

かんたん！▶毛足の短いフェイクファーであれば、切りっぱなしでもほつれてこないので、衿を1枚で仕立てても大丈夫。その場合は、衿ぐりの縫い代だけをつけて裁断する。

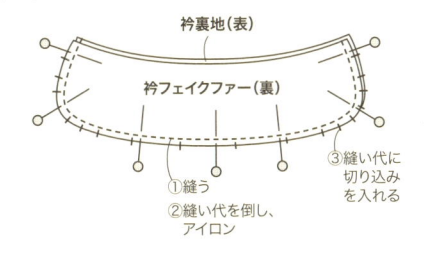

**7　本体外側に衿をピンでとめ、衿ぐりを縫う**

縫い代を内側に倒して、押さえミシンをかける。

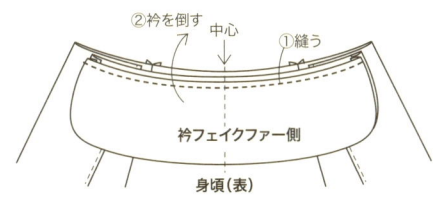

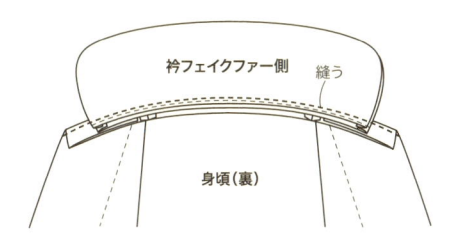

**9　ひもを結んでループにする**

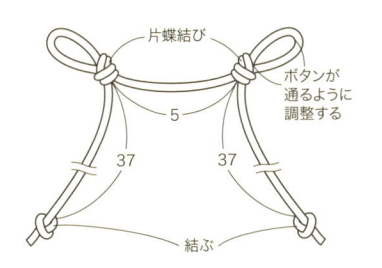

◆ **パンツ**

◎グレーの色がついたパーツは実物大パターン有り

**1　2色の生地をカットして縫い合わせる**

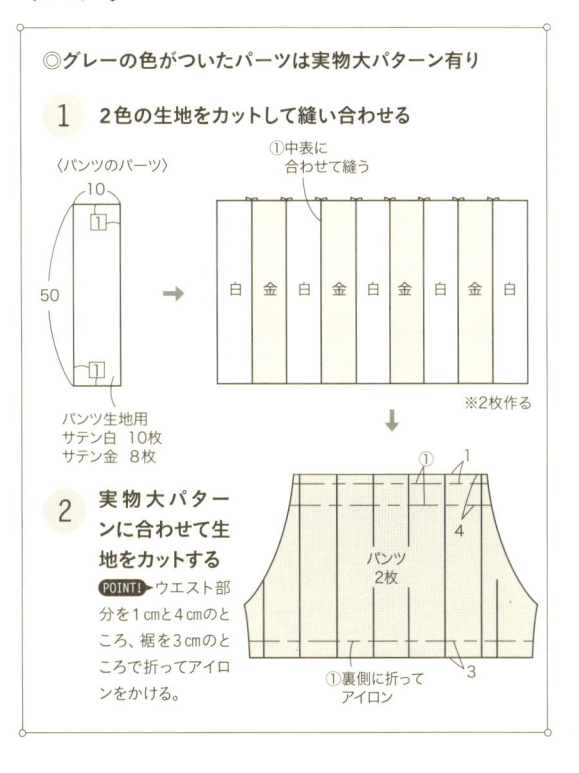

〈パンツのパーツ〉
10
50

パンツ生地用
サテン白　10枚
サテン金　8枚

①中表に合わせて縫う

白 金 白 金 白 金 白 金 白

※2枚作る

**2　実物大パターンに合わせて生地をカットする**

POINT！▶ウエスト部分を1cmと4cmのところ、裾を3cmのところで折ってアイロンをかける。

パンツ2枚

①裏側に折ってアイロン

**3　股下を中表に合わせて縫う**

POINT！▶前と後ろがわかるように、印をつける。

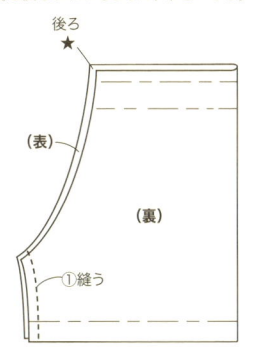

**5　中表に重ね、股ぐりを縫う**

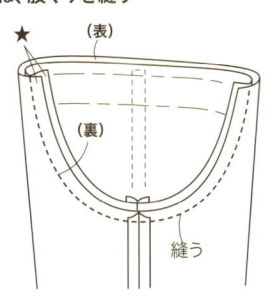

57

## 6 7 ウエストを縫う

**かんたん！** 難しければ、三つ折りにせず、縫い代にそのままミシンをかけても。

**POINT！** 後でゴムを通すので、通し口を縫わずにあけておく。

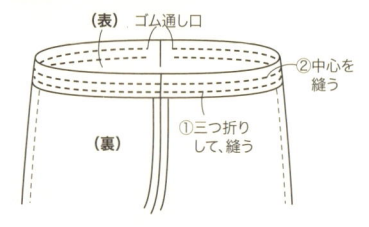

### [カマーバンドの作り方の順番]

※表と裏2枚だけのパーツで作る。表と裏を別の色で作っておくと、リバーシブルになる。
サイズ、マジックテープの位置は、こどもに合わせて調節してください。

1. 生地の裏側に接着芯を貼る。
   **POINT！** 薄い生地を使う場合は、表裏ともに貼っておくとしっかりする。
2. 芯を貼った生地を中表に合わせて、1周縫う。＊
3. 縫い代をできあがりで折って、アイロンをかける。
   **POINT！** 角の余分な縫い代はカットする。
4. 返し口から表に返し、アイロンをかける。
   **POINT！** 角をひっくり返すのに、目打ちがあると便利。
5. できあがりにミシンをかける（返し口もここで閉じてしまう）。
6. こどものサイズを確認して、マジックテープをつける。

### ◆ カマーバンドのパーツ

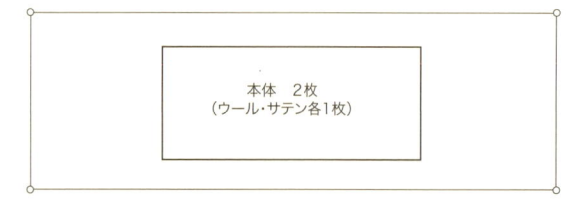

本体　2枚
（ウール・サテン各1枚）

### 2 芯を貼った生地を中表に合わせて、1周縫う

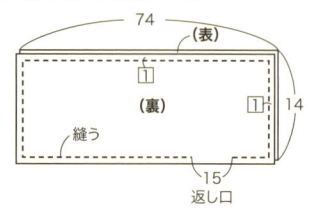

**POINT！** ひっくり返すため、返し口を縫い残すことを忘れないように。15cmくらい開けておくと、返しやすい。

### [王冠の作り方の順番]

1. 本体の生地をカットし、縫う。＊
2. ふちの生地をカットし、縫う。＊
3. 1の本体生地と2を中表に合わせ、1cmのところで1周縫う。＊
4. 厚紙で枠を作る。＊
5. 上部のクロス部分とサイドの枠はカットして、金色の紙を貼る。＊
6. サイドの枠の部分は、しごいてカーブをつける。＊
7. サイドの枠の1本に、クロス部分を両面テープで貼りつける。＊
8. もう1本のサイド枠を両面テープで貼りつける。＊
9. 8で作った上部部分を、外周にホチキスでとめる。
10. 9の枠と3の生地部分を組み合わせる。
11. ファーの折り目をつけた布端を、本体の生地に軽く縫いとめ、お好みで宝石パーツなどをボンドや両面テープで貼る。＊

### ◆ 王冠のパーツ

◎グレーの色がついたパーツは実物大パターン有り

〈王冠のパーツ〉

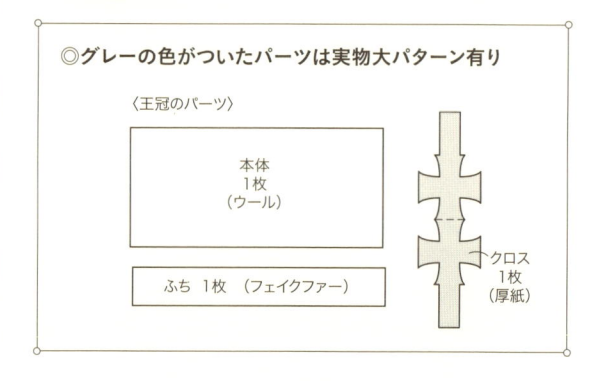

本体　1枚（ウール）
ふち　1枚（フェイクファー）
クロス　1枚（厚紙）

### 1 本体の生地をカットし、脇を縫い、上部をぐし縫いして縫い絞り、とめておく（袋状になる）

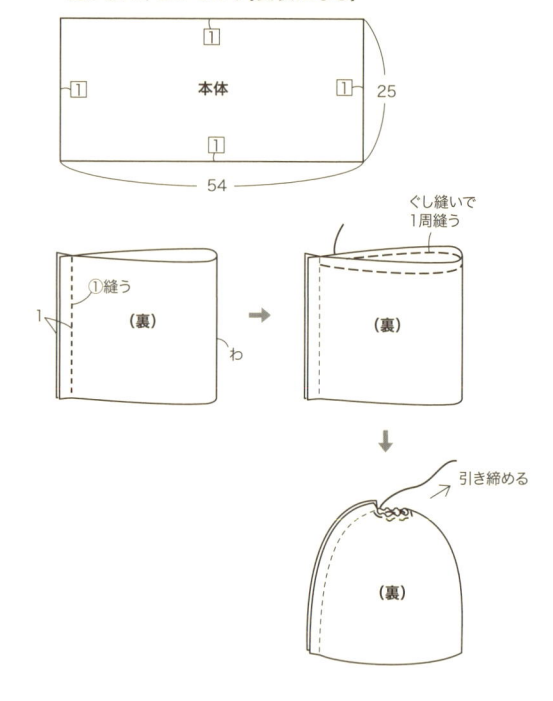

### 2 ふちの生地をカットし、縫う

片側の端を1cmのところで折り、アイロンをかける。

**かんたん！** ほつれない生地の場合は、切りっぱなしでも大丈夫。

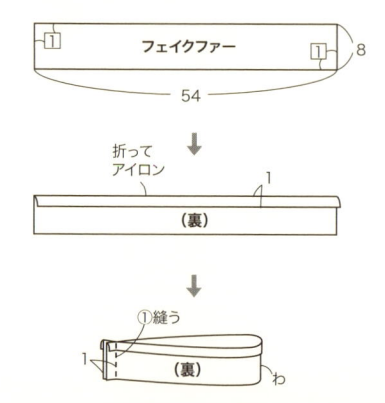

**3** 1の本体生地と2を中表に合わせ、1cmのところで1周縫う

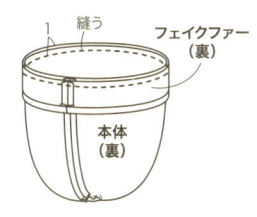

縫う
フェイクファー（裏）
本体（裏）

**4** 厚紙をカットして輪にし、ホチキスでとめる

**POINT!** こどもによって頭囲が違うので、計って合わせてください。本作品は、52cmを目安に製作。

のりしろ 2
5
厚紙 外周1枚
54

**5** 厚紙を上部のクロス部分と本体の枠はカットして、金色の紙を貼る

金色の紙を貼ったあと、組み立て部分に折り目をつけ、できあがりに折って、両面テープで貼る（カッターの刃の背の部分で折り目を入れると、きれいに仕上がる）。

**かんたん!** 金の絵の具で塗ったり、アルミホイルを両面テープで貼りつけても。

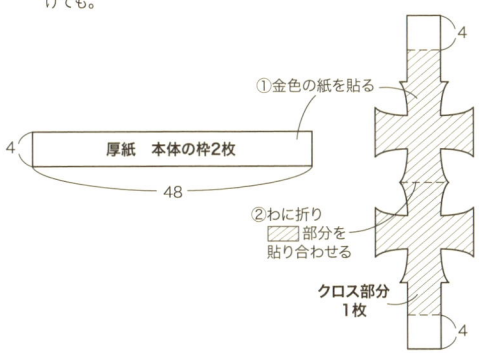

4
厚紙 本体の枠2枚
48

①金色の紙を貼る
②わに折り ▨ 部分を貼り合わせる
クロス部分 1枚
4

**6** 厚紙をしごいてカーブをつける

**POINT!** この作業を省くと、組み立てたときに厚紙が折れたりして、きれいなカーブがでない。

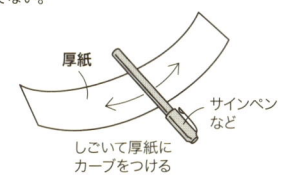

厚紙
サインペンなど
しごいて厚紙にカーブをつける

**7** 本体の枠の1本に、クロス部分を両面テープで貼りつける

クロス
厚紙 本体の枠（表）
22
4
22
クロスの土台を折りたたんで貼りつける
※カッターの背で折り目をつける

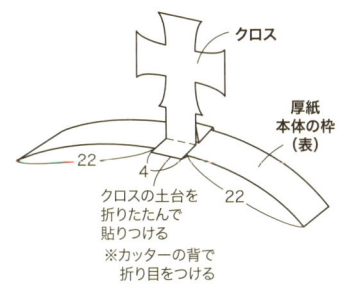

**8** もう1本の本体の枠を両面テープで貼りつける

厚紙 トップ部分（表）
もう1本を7の下に貼りつける

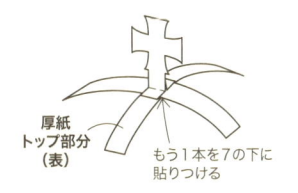

**10 11** ファーを本体に軽く縫いとめ、宝石パーツなどを貼る

**POINT!** まつりながら、綿や不要な生地の切れ端を中に入れておくと、立体的になって、よりゴージャス感が出る。

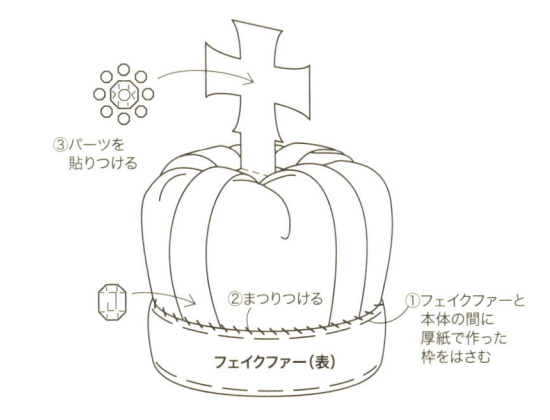

③パーツを貼りつける
②まつりつける
①フェイクファーと本体の間に厚紙で作った枠をはさむ
フェイクファー（表）

## ●かんたんバージョン

厚紙やフェルトをかんたんにジグザグにカットして、輪にしてとめるだけでも。宝石パーツをつける場合は、重さがあるため厚紙のほうがベター。フェルトにポンポンパーツをつけるだけでもかわいい！

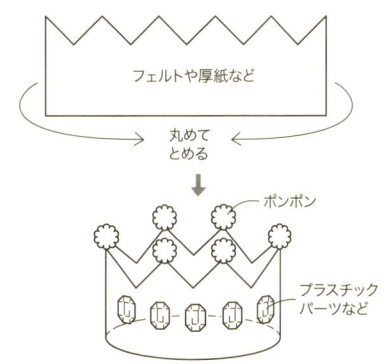

フェルトや厚紙など
丸めてとめる

ポンポン
プラスチックパーツなど

## C 花の妖精
p.11

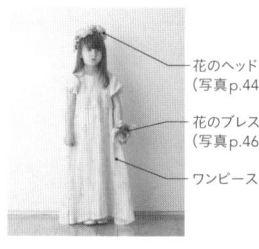

花のヘッドドレス（写真p.44）
花のブレスレット（写真p.46）
ワンピース

### [材料]
◆ワンピース
- シフォン、レース、ジョーゼットなど110cm幅×200cm
※本作品は、古着のワンピースを解体して使用。
- 接着芯100cm幅×15cm
- マジックテープ2cm幅×25cm
- ゴム1cm幅×50cmくらい
- レースまたはリボンをお好みで※本作品は5cm幅×180cm使用

◆花のヘッドドレス・ブレスレット
- リボン1cm幅×350cm
- 造花適宜
※本作品は100円ショップで購入した紙の矢車草数本（ヘッドドレス用）と、すでにリング状になっているものを使用。

### [作り方の順番] ＊は図を参照
◆ワンピース
1 実物大パターンに合わせて生地をカットし、必要であれば接着芯を貼る。＊
2 前身頃と後ろ身頃の肩を縫い合わせる。縫い代は割って、アイロンをかける。＊
3 袖口は、先に2cmのところでアイロンをかける。＊
4 袖の肩山の2/3くらいの縫い代をぐし縫いし、縫い終わりは糸を残して、調節して引き縮められるようにしておく。＊
5 身頃と袖の肩の中心を合わせ、きれいにギャザーを寄せて待ち針を打ち、縫い合わせる。＊
6 見返しの肩を縫い合わせる。縫い代は割って、アイロンをかける。
7 身頃と見返しを中表に合わせ、できあがりに縫う。＊
8 後ろスカートの中心を縫う。＊
9 身頃は袖口から脇にかけて、スカートの脇をそれぞれ縫い合わせ、縫い代は割って、アイロンをかける。
10 袖口はゴムの通し口を残して、3の折り目に沿って、縫う。袖口にゴムを通す。
11 身頃とスカートを中表に合わせて縫う。縫い代は、身頃側に倒して縫う。
12 後ろ身頃の右側はできあがりに折り、左側は持ち出し部分を2cmつけて折り、アイロンをかける。＊
13 12でかけたアイロンに沿って縫う。＊
14 マジックテープを縫いつける。＊
15 リボンを縫いつける。
※本作品はもともとワンピースについていたレースをカットして使用。後ろで蝶結びにする仕様だが、リボンにせず、切り替えのポイントとして縫いつけたり、前に小さなリボンを作ってつけたり、逆に何もつけなくてもよい。
16 裾をまつる。

◆花のヘッドドレス
1 花を小分けにし、リング状に組み立てていく。
※使用したのは、茎に針金入り。1本ずつに分け、花を互い違いに絡みつけながらまとめ、輪にしてとめただけ。
2 リボンを巻きつけ、端は蝶結びにして垂らす。

◆花のブレスレット
1 リング状の造花を半円形にたたみ、ワイヤーなどで軽くとめておく。
2 リボンを巻きつける。
3 手首につけるときは、そのままリボンを結んでとめる。

### ◎グレーの色がついたパーツは実物大パターン有り

〈ワンピースのパーツ〉
※生地はすべてシフォン、レース、ジョーゼットなど

- 前身頃 1枚
- 左側後ろ身頃 1枚
- 右側後ろ身頃 1枚（持ち出し分）
- 前見返し 1枚
- 左側後ろ見返し 1枚
- 右側後ろ見返し 1枚
- 袖 2枚
- 前スカート 1枚
- 後ろスカート 左右各1枚（持ち出し分）

### ◆ワンピース

**1 生地をカットする**

POINT! 薄い生地を使う場合は、伸びてしまわないように接着芯を貼るときれいに仕上がる。肩の縫い位置、後ろ中心の持ち出し部分、見返しに貼っておくとよい。

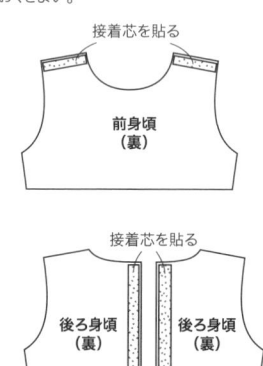

- 接着芯を貼る / 前身頃（裏）
- 接着芯を貼る / 後ろ身頃（裏）・後ろ身頃（裏）

**2** 肩を縫い合わせ、縫い代は割って、アイロンをかける

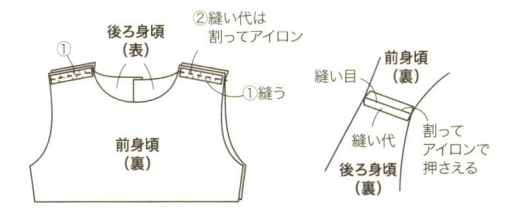

**3 4** 袖口の2cmのところでアイロンをかける。袖の肩山の2/3くらいの縫い代をぐし縫いし、縫い終わりは糸を残して、調節して引き締められるようにしておく

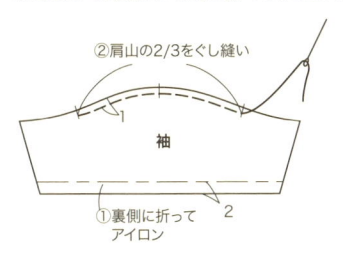

**5** 身頃と袖の肩の中心を合わせ、きれいにギャザーを寄せて待ち針を打ち、縫い合わせる

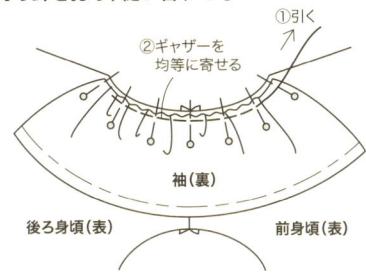

**7** 身頃と見返しを中表に合わせ、できあがりに縫う
できあがりにアイロンをかけ、角は余分な縫い代をカットし、表に返してアイロンをかける。

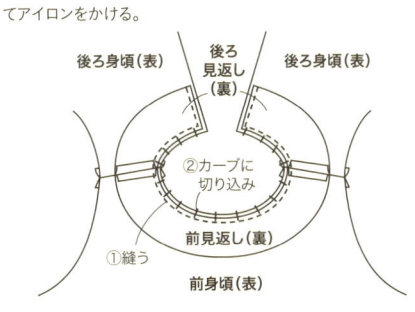

**8** 後ろスカートの中心を縫う
**POINT!** 裾部分は、2cmのところで折り目をつけておく。

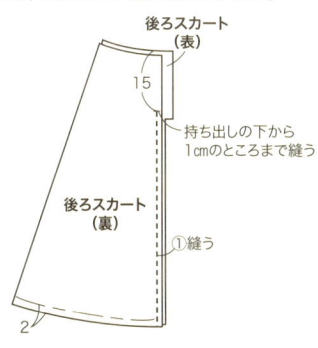

**12** 後ろ身頃の右側はできあがりに折り、左側は持ち出し部分を2cmつけて折り、アイロンをかける

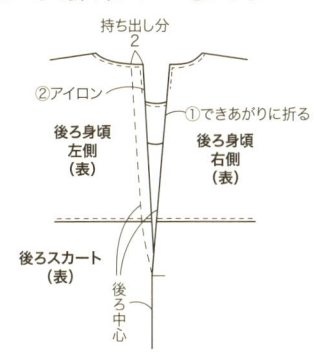

**13 14** 12でかけたアイロンに沿って縫い、マジックテープを縫いつける
縫い代に切り込みを入れて、縫いどまりより下のスカート後ろ中心縫い代は、割ってアイロンをかける。

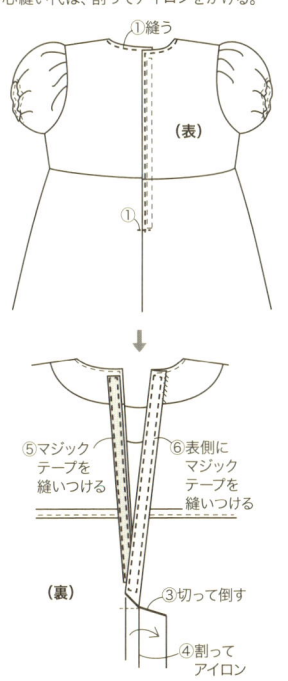

61

## D 雪の女王
p.12

◎グレーの色がついたパーツは実物大パターン有り

〈ワンピースのパーツ〉
※生地はすべてラメ

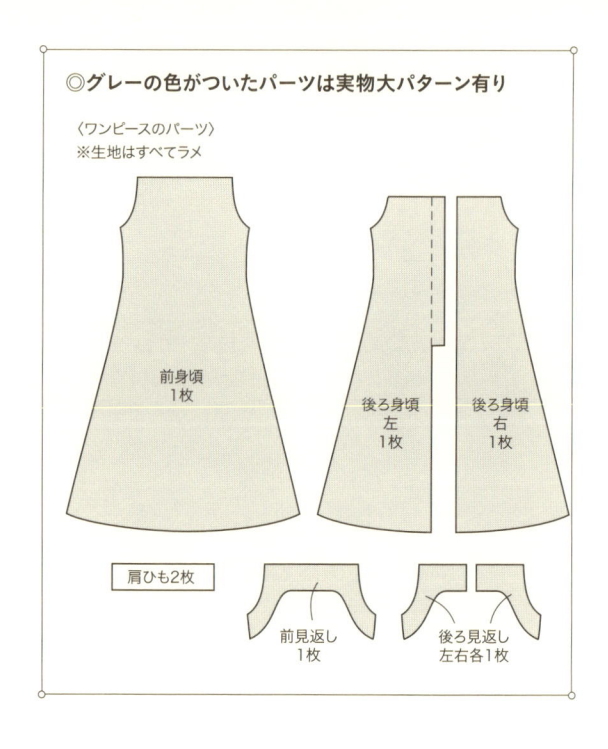

- 前身頃 1枚
- 後ろ身頃 左 1枚
- 後ろ身頃 右 1枚
- 肩ひも 2枚
- 前見返し 1枚
- 後ろ見返し 左右各1枚

### [材料]

◆ワンピース
- ラメ(ブルー)110cm幅×100cm
- スノーフレーク柄チュール112cm幅×30cm
- 接着芯100cm幅×15cm
- マジックテープ1.5cm幅×20cm

◆ボレロ
- タイツ(シルバーラメまたは白)1足 ※大人用でもこども用でも大丈夫。

◆ヘアアクセサリー
- ヘアゴム(水色)120cm
- スノーフレークオーナメント2個

### [作り方の順番] *は図を参照

◆ワンピース
1. 実物大パターンに合わせてラメの生地をカットし、見返しには接着芯を貼る。
2. 肩ひもを作る。*
3. 後ろ身頃の中心をあきどまりまで縫い、前後の身頃、見返しの脇をそれぞれ縫う。*
4. 裾をできあがりに折ってアイロンをかけ、スリット部分から裾にかけて縫う。
5. 2で作った肩ひもをねじれないように身頃に仮縫いする。*
6. 身頃と見返しを中表に合わせ、できあがりに縫う。*
7. 後ろ中心のあき部分にステッチをかける。※p.61の図12〜14参照。
8. マジックテープを縫いつける。
9. スノーフレーク柄チュールを布幅の半分にカットし、2枚に分ける。切りっぱなしでOK。
10. 背中のあきの長さを残して、2枚を縫い合わせる。*
11. 10の両端をぐし縫いして、本体後ろ身頃に合わせて縫い縮め、縫いつける。*

◆ボレロ
1. タイツのウエストゴム部分をカットする。
2. こどものサイズに合わせて、足の部分を斜めにカットする。切りっぱなしでOK。

◆ヘアゴム
1. ゴムをできあがり52cmくらいになるようにカットして結ぶ。これを2本作る。
2. あればフェルトを適当な大きさにカットして、結び目に巻きつけ、見えないようにまつって縫いとめておく。
   **かんたん!** 色の合うフェルトがなければ、2本の結び目をまつって、ずれないようにしておく。
3. スノーフレークのオーナメントを縫いつける。
   **POINT!** 2個のオーナメントが重ならない位置につけるとかわいい。

### 2 肩ひもを作る

肩ひも 24 × 6

中心で突き合わせて折る
(表)

①半分に折る
②縫う

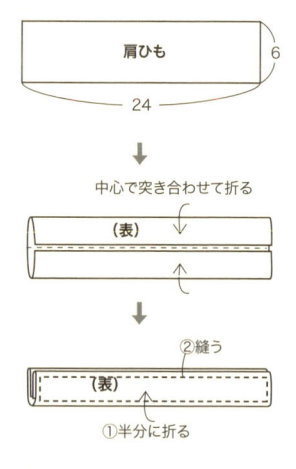

### 3 身頃を縫う

**POINT!** 身頃は両脇にスリットが入るので全部縫ってしまわないように。縫い代は割ってアイロンをかける。

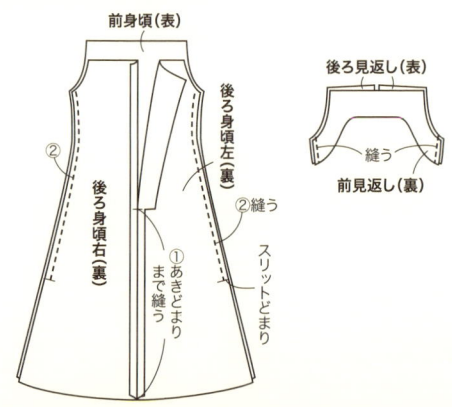

- 前身頃(表)
- 後ろ身頃左(裏)
- 後ろ身頃右(裏)
- ①あきどまりまで縫う
- ②縫う
- スリットどまり
- 後ろ見返し(表)
- 前見返し(裏)
- 縫う

**5** 肩ひもを身頃に仮縫いする

POINT! はさんで縫ったほうがきれいに仕上がる。その場合、いったんこどもに合わせてひもの長さを確認してからつけること。

かんたん! 難しければ、完成してからつけても大丈夫！

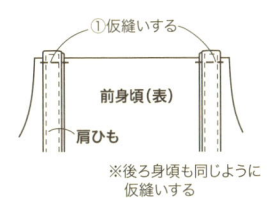

①仮縫いする
前身頃（表）
肩ひも
※後ろ身頃も同じように仮縫いする

**6** 身頃と見返しを中表に合わせ、できあがりに縫う

角の余分な縫い代をカットし、縫い代をできあがりに折ってアイロンをかけて表に返す。

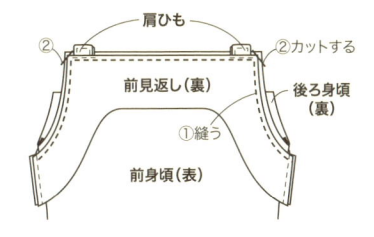

② 肩ひも ②カットする
前見返し（裏）　後ろ身頃（裏）
①縫う
前身頃（表）

**10** 背中のあきの長さを残して、2枚を縫い合わせる

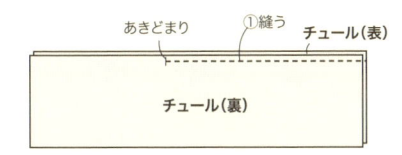

あきどまり　①縫う　チュール（表）
チュール（裏）

**11** 両端をぐし縫いして、本体後ろ身頃に合わせて縫い縮め、縫いつける

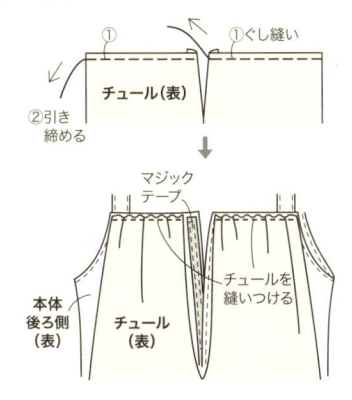

① ①ぐし縫い
チュール（表）
②引き締める

マジックテープ
チュールを縫いつける
本体後ろ側（表）　チュール（表）

## E マーメイド
p.14

### [材料]
◆ワンピース
- ラメ92cm幅×100cm
- 接着芯100cm幅×15cm
- チュール(緑)92cm幅×20cm
- チュール(薄グリーン・薄ブルー)各112cm幅×20cm
- ゴム1cm幅×60cm
- 透明のひも2mm幅×70cm

◆リストバンド
- ラメはワンピースの残りを使用
- ケミカルレース7cm幅×140cm
- マジックテープ1.5cm幅×5cm

※レースは高価なため、安価で買える素材に変えたり、チュールの端切れなどを使ってもよい。透明のひもはアクセサリー素材。手に入らなければ、お母さんのブラジャーのストラップを利用しても。

### [作り方の順番] *は図を参照

◆ワンピース
1. 実物大パターンに合わせてラメの生地をカットし、見返しには接着芯を貼る。*
   **POINT!** しっかりした生地の場合は、接着芯を貼らなくてもOK。縫い合わせる前に、表側にチュールのつけ位置を印づけしておくとラク。
2. 身頃の脇を縫い合わせる。縫い代は割って、アイロンをかける。*
3. 見返しの脇は1.5cmの縫い代を折り、前身頃と中表に合わせ、できあがりを縫う。*
4. 見返しの縫い代のカーブに切り込みを入れ、できあがりに折ってアイロンをかけ、表に返す。*
5. 見返しの縫い代は、身頃の縫い代に軽くまつる。*
6. 後ろ中心を縫う。縫い代は割って、アイロンをかける。
   **POINT!** 裾から縫いどまりまでは、スリットになるので縫い残すこと。
7. スリット部分と裾を縫う。*
8. チュール3枚は布幅いっぱいに20cmの長さにカットし、端をぐし縫いしてギャザーを寄せる。*
   **POINT!** 後でバランスよくつけるために、4分割にして目印をつけておくと、脇、前中心、後ろ中心に揃える目安になる。
9. 8のチュールをバランスよく待ち針で仮どめし、最下段から縫っていく。*
   **POINT!** 目打ちできれいにギャザーを押さえながらミシンをかけるとラク。つけた後、縦に切り目を入れて、短冊状にしてもよい。
10. 後ろ身頃にゴムを引っ張りながら縫いつける。*
    **POINT!** 両サイドにも、チュールの最上段あたりにゴムを縫いつけておくと、より魚っぽいシルエットになる。
11. 肩ひもを縫いつける。*

◆リストバンド
1. ベルトの生地をカットし、片側を1cmで折る。*
2. レースを半分にカットし、適当にたたみながら待ち針を打つ。*
3. 両サイドを中表に縫い、角の余分な縫い代をカットし、表に返す。*
4. レースの縫い線に合わせて、返した表地をかぶせ、ステッチをかけて閉じる。*
5. こどものサイズに合わせて、マジックテープをつける。*

---

◎グレーの色がついたパーツは実物大パターン有り

〈ワンピースのパーツ〉
- 前身頃 1枚 (ラメ)
- 後ろ身頃 左右各1枚 (ラメ)
- チュール 3枚 3色各1枚
- 前見返し 1枚 (ラメ)

〈リストバンドのパーツ〉
- ベルト 2枚 (ラメ)

### ◆トップス

**1-4 本体とサイドのラメに接着芯を貼り、カットする**
**POINT!** 接着芯を貼ってからカットするとやりやすい。

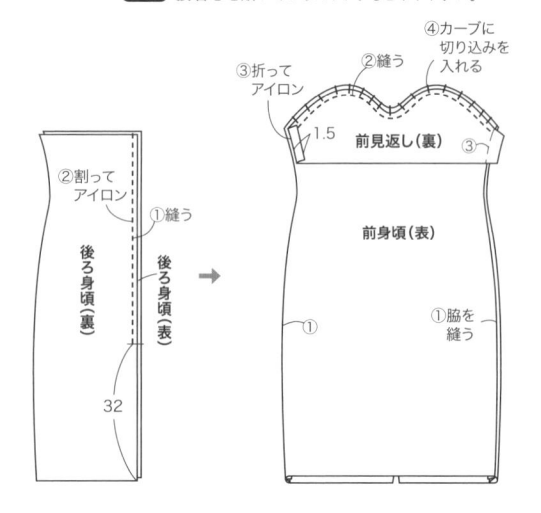

①脇を縫う
②割ってアイロン
②縫う
③折ってアイロン
④カーブに切り込みを入れる
1.5 前見返し(裏)
後ろ身頃(裏) 後ろ身頃(表)
前身頃(表)
32

**5 見返しの縫い代をまつる**

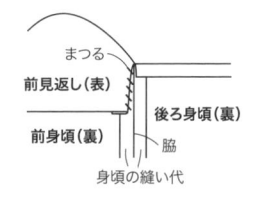

まつる
前見返し(表)
後ろ身頃(裏)
前身頃(裏)
脇
身頃の縫い代

## 7 スリット部分と裾を縫う

**POINT!** スリットを入れないと歩けなくなるため、必ず作ってください。

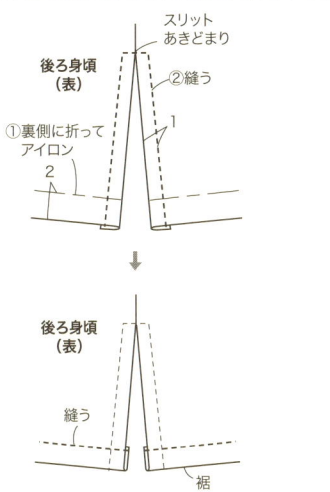

- 後ろ身頃（表）
- スリットあきどまり
- ②縫う
- ①裏側に折ってアイロン
- 1
- 2
- 後ろ身頃（表）
- 縫う
- 裾

## 8-10 下のほうにチュールをつけ、背中部分にゴムを縫う

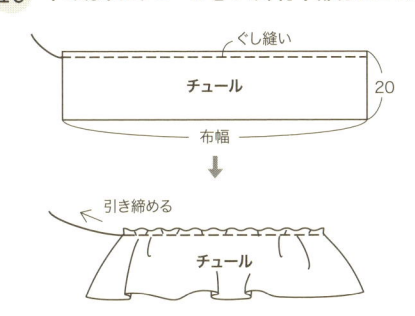

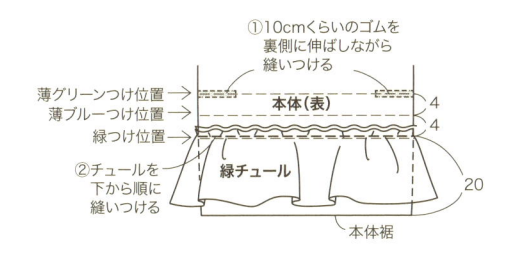

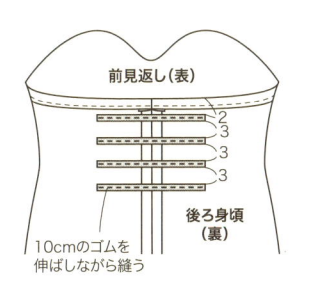

- ぐし縫い
- チュール
- 20
- 布幅
- 引き締める
- チュール
- ①10cmくらいのゴムを裏側に伸ばしながら縫いつける
- 薄グリーンつけ位置
- 薄ブルーつけ位置
- 緑つけ位置
- 本体（表）
- 4
- 4
- ②チュールを下から順に縫いつける
- 緑チュール
- 20
- 本体裾
- 前見返し（表）
- 2
- 3
- 3
- 3
- 後ろ身頃（裏）
- 10cmのゴムを伸ばしながら縫う

## 11 肩ひもをつける

**POINT!** 肩ひもにするひもは、抜けないように端を結んでおく。こどもに合わせて、長さを調整を。

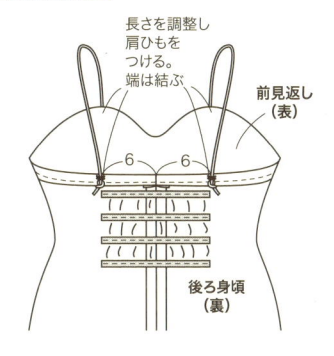

- 長さを調整し肩ひもをつける。端は結ぶ
- 前見返し（表）
- 6
- 6
- 後ろ身頃（裏）

## ◆リストバンド

### 1 ベルトの生地をカットし、片側を1cmで折る

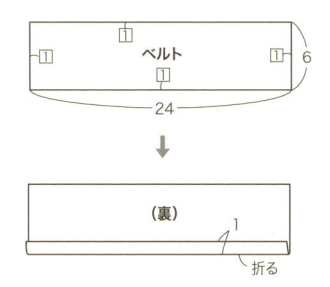

- ベルト
- 6
- 24
- （裏）
- 1
- 折る

### 2-5 レースをつけ、マジックテープを縫いつける

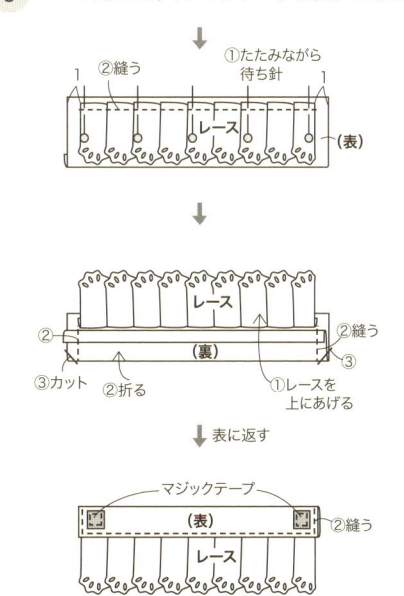

- ②縫う
- ①たたみながら待ち針
- 1
- レース
- 1
- （表）
- ②縫う
- レース
- （裏）
- ②縫う
- ③カット
- ①折る
- ①レースを上にあげる
- 表に返す
- マジックテープ
- （表）
- ②縫う
- レース

65

## F セーラーマン
p.15

### [材料]

◆ セーラーシャツ
- 既製品のこども用Tシャツ1枚※本作品では130cm用の体操着を使用。やや大きめのものを、着丈を短めに仕上げるとかわいい。
- コットン（白）112cm幅×30cm※フェルト60cm×30cmでも可。
- サテン（赤）112cm幅×30cm※手持ちのハンカチやスカーフでも可。
- サテンリボン（青）1.5cm幅×5m〈パンツとハットの分も含む〉

◆ パンツ
- コットン（白）112cm幅×60cm
- ゴム1cm幅×120cm

◆ セーラーハット
- フェルト（白）60cm幅×60cm

◆ 旗
- 菜箸など適当な棒2本
- サテンなど適当な生地（赤・白）各1枚※色紙やフェルトでも可。

### [作り方の順番] *は図を参照

◆ セーラーカラーシャツ
1. Tシャツをできあがりサイズに縫い代をつけてカットする。*
2. 衿ぐり、袖口、裾を内側に折り込んで縫う。
   かんたん！洋裁用ボンドで貼ってもOK。
3. 袖口と裾にリボンを縫いつける。*
4. 衿を作る。*
5. Tシャツに衿をつける。*
6. スカーフを作る。*

◆ パンツ
1. 裾の端から5cmのところにリボンを縫いつける。
   かんたん！洋裁用ボンドで貼ってもOK。
2. ウエスト部分を1cmと4cmのところ、裾を3cmのところで折り、アイロンをかける。*
3. 股下を中表に合わせて縫う。*
4. 片方を表に返す。*
5. 中表に重ね、股ぐりを縫う。*
6. 裾を縫う。
7. ウエスト部分を縫う。*
8. ゴムを2本通すため、ウエスト部分の中心をもう1回縫う。*
   かんたん！面倒ならば、省いても大丈夫。
9. ゴムを通して結ぶ。

◆ セーラーハット
1. 実物大パターンに合わせてフェルトをトップとブリム（折り返しになる部分）分カットする。サイドもカットする。*
2. サイドを輪状に縫う。
3. トップとサイドを中表に合わせて待ち針でとめ、縫う。
   POINT！トップとサイドを4分割にし、だいたいの目安をつけてピンを打つとわかりやすい。ミシンで縫う場合は、サイドが下になるように置き、まっすぐに進んでいくようにカーブをそわせながら縫う。
4. ブリム部分を作る。生地の上部布端から1cmのところにリボンを縫いつける。
   かんたん！洋裁用ボンドで貼ってもOK。
5. 前後の脇を縫い、輪にする。*
   POINT！縫い代をアイロンで割っておくか、しごいてクセづけしておく。

6. 本体にブリムを中表に重ねて縫う。
7. 縫い代をトップ側に倒して縫う。

◆ 旗
1. 旗部分になる生地をできあがりに仕上げる。*
2. 棒に両面テープかボンドをつけ、旗の生地をぐるっととめつける。

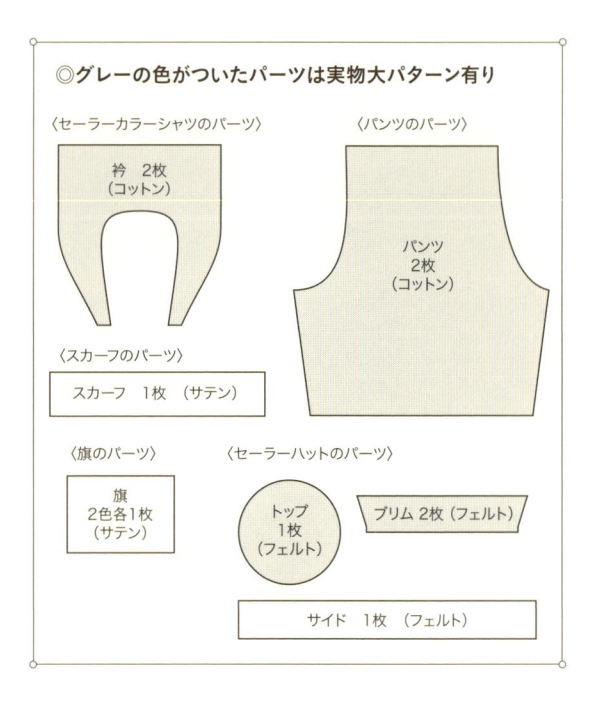

◎ グレーの色がついたパーツは実物大パターン有り

〈セーラーカラーシャツのパーツ〉
衿 2枚（コットン）

〈パンツのパーツ〉
パンツ 2枚（コットン）

〈スカーフのパーツ〉
スカーフ 1枚（サテン）

〈旗のパーツ〉
旗 2色各1枚（サテン）

〈セーラーハットのパーツ〉
トップ 1枚（フェルト）
ブリム 2枚（フェルト）
サイド 1枚（フェルト）

### ◆ セーラーカラーシャツ

**1 Tシャツをカットする**
- リブをカット
- Tシャツ
- できあがり 35cm + 縫い代
- ※こどもに合わせて、だいたいで大丈夫

**3 袖口と裾にリボンを縫いつける**
両面テープで仮どめしてから縫うとラク。
かんたん！洋裁用ボンドで貼ってもOK。

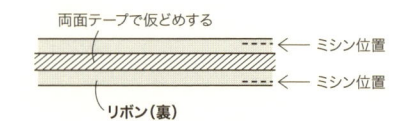

- 両面テープで仮どめする
- ← ミシン位置
- ← ミシン位置
- リボン（裏）

### 4 衿を作る

実物大パターンに合わせてセーラーカラーをカットする。表の端から1.5cmのところにリボンを縫いつける。裏地と合わせて中表に縫い、角の部分の余分な縫い代をカットする。縫い代をできあがりに倒してアイロンをかけ、返し口から表に返す。角の部分は、目打ちでひっくり返す。できあがりにステッチをかける。

**かんたん！** フェルトで作る場合は、型紙の縫い代は不要。

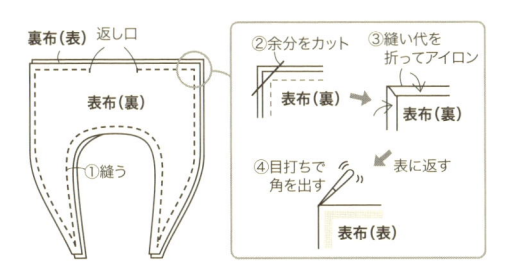

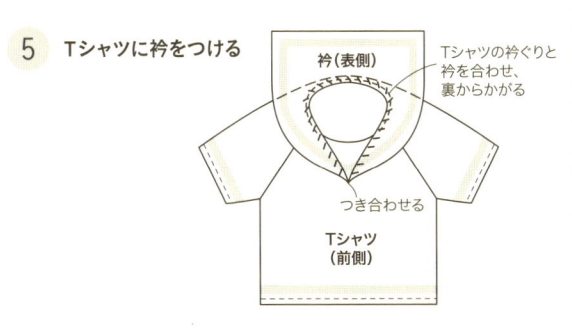

### 5 Tシャツに衿をつける

### 6 スカーフを作る

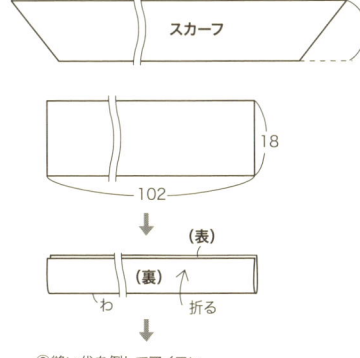

**かんたん！** 1枚で仕上げ、縫い代を洋裁用ボンドで貼ってもOK。

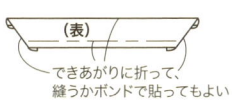

■ かんたんバージョン

※ハンカチをゴムひもに通してもよい

## ◆ パンツ

### 2-5 ウエスト部分と裾を折ってアイロンをかけ、股下、股ぐりを縫う

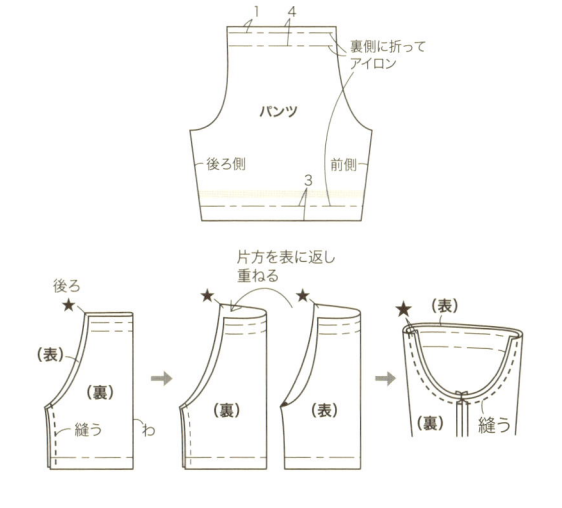

### 7-8 ウエスト部分を縫う

**POINT！** 後でゴムを通すため、通し口を縫わずにあけておくこと。

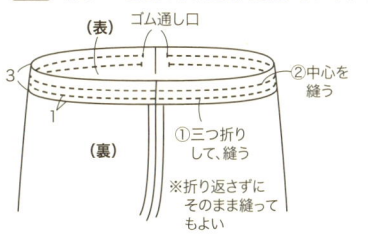

※折り返さずにそのまま縫ってもよい

## ◆ セーラーハット

### 1 サイドをカットする

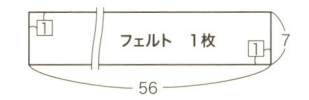

フェルト 1枚

### 5 前後の脇を縫い、輪にする

**POINT！** 縫い代をアイロンで割っておくか、しごいてクセづけしておく。

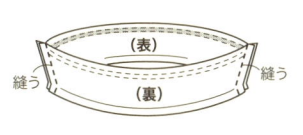

## ◆ 旗

### 1 旗部分になる生地をできあがりに仕上げる

棒につける縫い代部分以外の3辺を三つ折りにして縫う。

**かんたん！** 両面テープや洋裁用ボンドで貼ってもOK。

**かんたん！** 色紙やフェルトの場合は断ち切りでのりしろ分をつけてカットするだけ。

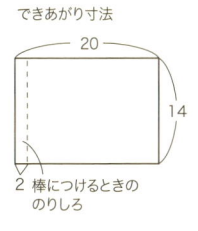

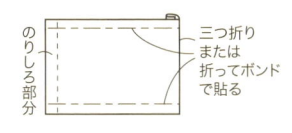

のりしろ部分／三つ折りまたは折ってボンドで貼る

67

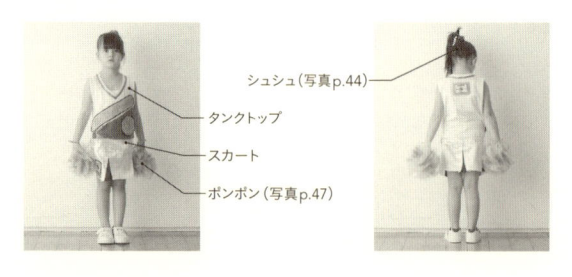

## G チアガール
p.16

**[材料]**

◆タンクトップ
- 既製品のVネックTシャツ(白)1枚

※少し大きめのほうが加工しやすい。パーツを貼りつけるので、少しシミや汚れがあっても大丈夫。
- ワッペン用素材(古着など)適宜
- フェルト(青・黄緑)適宜
- 接着芯適宜
- サテン(白・緑)はスカートの余りを利用
- サテンリボン1cm幅×70cmくらい

◆スカート
- サテン(白)95cm幅×50cm
- サテン(緑)95cm幅×40cm
- マジックテープ(白)2cm幅×10cm

◆ポンポン
- チュール(白・グレー・緑)各110cm幅×80〜100cm
- 結束テープまたは丈夫なひも20cm×2本
- ひもまたはカラーゴムなど20cm×2本

◆シュシュ
- サテン(緑)はスカートの余りを利用
- ゴム1cm幅×20cm

**[作り方の順番]** *は図を参照

◆タンクトップ
1. ワッペンを作る。*
2. 1に接着芯を貼り、できあがりの大きさにカットする。*
3. 2をフェルトにのせて縫い、できあがりにカットする。*
4. 土台になるTシャツの袖をカットし、脇と裾も切り離す。*
5. 土台になるTシャツに、ロゴを仮置きし、つけ位置を決める。
   - POINT！▶本作品は横幅のあるロゴマークだったので、斜めに配置。使うものによって、お好みで決めてください。
6. サテンの生地を貼りつける位置を確認し、だいたいの大きさを決める。*
7. サテンの生地を6で確認した大きさより少し大きめにカットし、ロゴマーク側の縫い代を折って縫いつける。ワッペンをお好みの位置に配置し、縫いつける。*
8. 衿ぐりにはリボンを縫いつける。
   - かんたん！▶洋裁用ボンドで貼ってもOK。
9. 袖ぐりを折り込んで、できあがりに縫う。
10. 脇と裾をできあがりに折って縫う。

◆スカート
1. プリーツ部分の生地を作る。サテンの生地をカットし、はぎ合わせる。
2. 1で作った布を、さらにプリーツ状に折ってアイロンをかける。*
3. プリーツ生地の前後それぞれの両脇を縫い合わせる。
   - POINT！▶脇の縫い代は割って、アイロンをかける。
4. 1で折っておいた裾の縫い代にミシンをかける。
※本作品では、ワッペンがたくさんできたので、スカートの裾にもこの工程でワッペンを縫いつけた。
5. 裾を縫った後、プリーツをたたんだ状態で縫う。*
6. 見返しに接着芯を貼る。
7. ウエストの切り替え生地を右脇のみ縫い合わせる。見返しも同様に行う。
   - POINT！▶脇の縫い代を割って、アイロンをかける。
8. ウエストの切り替え生地とプリーツ生地を縫い合わせる。*
   - POINT！▶ウエストの切り替え生地は、上側に倒して縫うときれいに仕上がる。左脇はマジックテープをつけるため、持ち出し部分を残しておくこと！
9. ウエストの切り替え生地と見返しを中表に合わせ、縫い合わせる。*
   - POINT！▶縫い代を折って、できあがりにアイロンをかけ、角は余分な縫い代をカットし、表に返してアイロンをかける。
10. 持ち出しからウエストにかけて縫う。*
11. ウエスト部分にマジックテープを縫いつける。

◆ポンポン
1. チュール各色すべてを20cm角にカットする。
2. 1でカットした布を、左右の分として2等分する。
3. 色の配色を好みで決め、1個分をさらに数個に分ける。
   - POINT！▶混ぜるとまんべんなく色が入る。
4. 2で分けた生地の中心を簡単にぐし縫いして、縫い縮める。*
5. 4を左右1個分ずつにまとめ、ぐし縫いした中心部分を目安に、結束テープまたはひもで、しっかり縛る。*
   - POINT！▶縛るときに、カラーゴムかひもを一緒に通しておくと、持ち手も一緒につけられる。
6. 重なっている生地を1枚ずつはがし、根元でねじるようにして、互い違いに分ける。
7. 全部均等に広げたら、持ち手のひもをちょうどいい長さに縛る。

■かんたんバージョン
お花紙を数枚重ね、蛇腹に折ってゴムひもで中心を結んで、広げてもOK。

◆シュシュ
1. 生地をカットし、重なり部分となる片側だけの縫い代をアイロンで倒す。*
2. 中表に半分にたたみ、できあがりに縫う。*
3. 表に返して、重なり部分を1カ所(ゴムの通し口)残してまつる。*
4. ゴムを通して結び、結び目を中に入れ込んで閉じる。

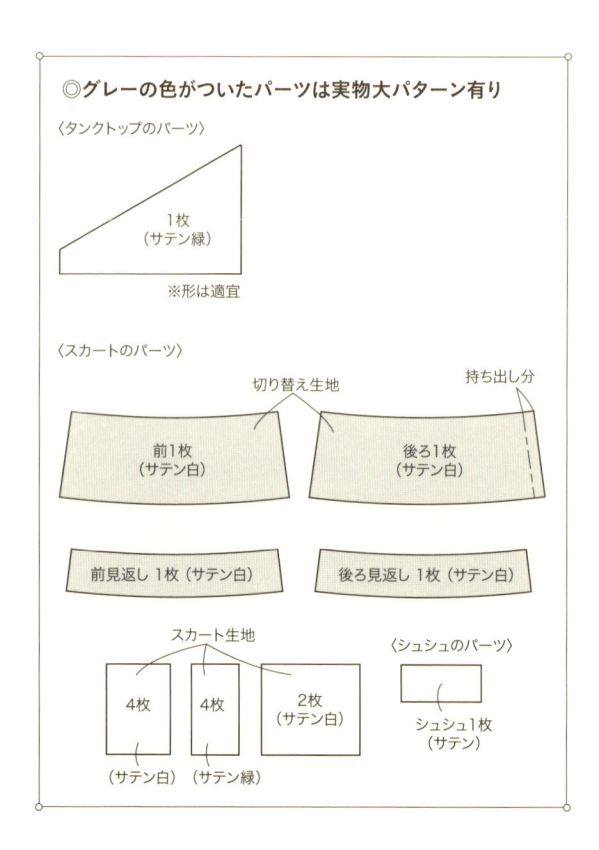

◎グレーの色がついたパーツは実物大パターン有り

〈タンクトップのパーツ〉
1枚(サテン緑)
※形は適宜

〈スカートのパーツ〉
- 切り替え生地 / 持ち出し分
- 前1枚(サテン白)
- 後ろ1枚(サテン白)
- 前見返し 1枚(サテン白)
- 後ろ見返し 1枚(サテン白)

スカート生地
- 4枚(サテン白)
- 4枚(サテン緑)
- 2枚(サテン白)

〈シュシュのパーツ〉
シュシュ1枚(サテン)

◆ タンクトップ

1. 古着などからワッペンにするためのロゴを大まかな大きさにカットする

   大きめにカットする

2. 接着芯を貼って、カットする

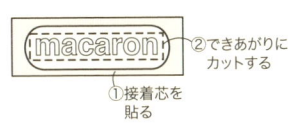

   ①接着芯を貼る
   ②できあがりにカットする

3. フェルトにのせて縫う

   POINT！▶フェルトをつけると、ぐっと本物っぽくなる。
   かんたん！▶面倒なら、フェルトをつけなくてもOK。

   フェルトをひとまわり大きめにカットする
   縫いつける

4. 土台になるTシャツをカットする

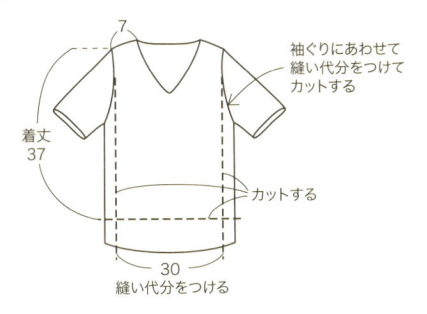

   7
   袖ぐりにあわせて縫い代分をつけてカットする
   着丈 37
   カットする
   30
   縫い代分をつける

5. サテンの生地を貼りつける位置を確認する

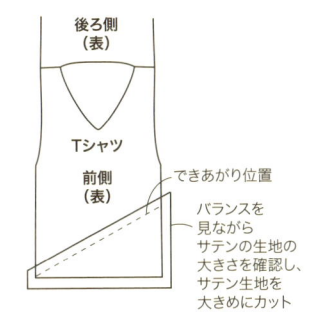

   後ろ側（表）
   Tシャツ前側（表）
   できあがり位置
   バランスを見ながらサテンの生地の大きさを確認し、サテン生地を大きめにカット

6. サテン、ワッペンを縫いつける

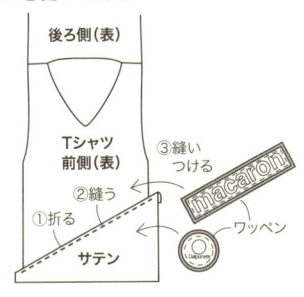

   後ろ側（表）
   Tシャツ前側（表）
   ①折る
   ②縫う
   ③縫いつける
   サテン
   ワッペン

◆ スカート

1. サテンの生地を以下のようにはぎ合わせたものを2セット作る

   POINT！▶縫い終わったら、いったんアイロンをかけて一枚の布状にし、裾部分をできあがりに折ってアイロンをかける。

   18 | サテン白 | サテン緑 | サテン白 | サテン緑 | サテン白
   13 - 10 - 18 - 10 - 13

   ★＝中表に合わせ、縫う

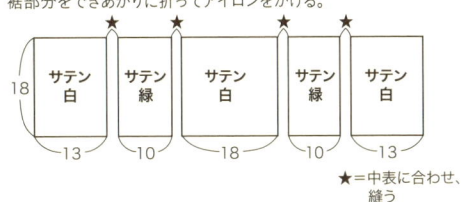

2. プリーツ状に折ってアイロンをかける

   ①たたんでアイロン
   サテン白 | 前スカート（表）サテン白 | サテン白
   サテン緑 裾 サテン緑

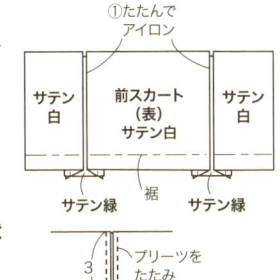

5. プリーツをたたんだ状態で縫う

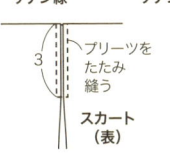

   3 プリーツをたたみ縫う
   スカート（表）

8-10 すべてのパーツを縫い合わせる

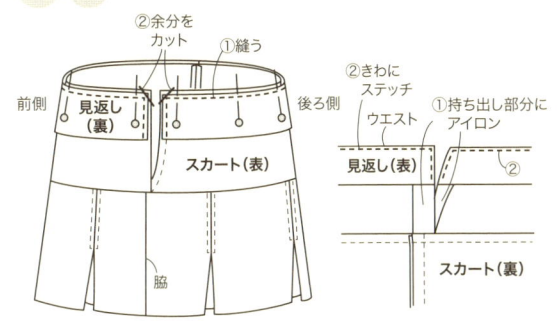

   ②余分をカット
   ①縫う
   前側 見返し（裏） 後ろ側
   スカート（表）
   脇
   ②きわにステッチ
   ウエスト
   ①持ち出し部分にアイロン
   見返し（表）
   ②
   スカート（裏）

◆ ポンポン

4·5 ぐし縫いして、縫い縮め、縛る

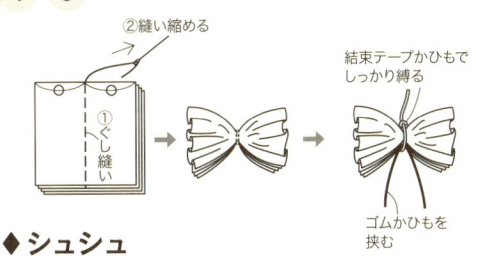

   ②縫い縮める
   ①ぐし縫い
   結束テープかひもでしっかり縛る
   ゴムかひもを挟む

◆ シュシュ

1-4 生地をカットし、半分にたたんで縫い、ゴムを通す

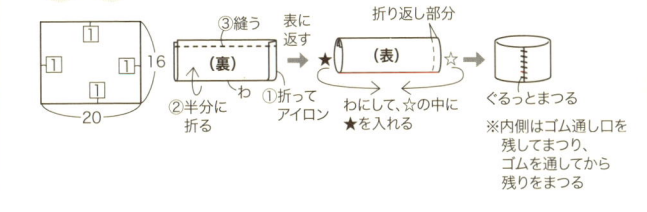

   16
   20
   ③縫う
   （裏）
   わ
   ②半分に折る
   ①折ってアイロン
   表に返す
   ★
   （表）
   ☆
   わにして、☆の中に★を入れる
   ぐるっとまつる

   ※内側はゴム通し口を残してまつり、ゴムを通してから残りをまつる

## H クリスマスツリー
p.17

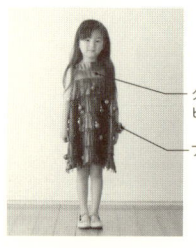

### [材料]
◆クリスマスツリーワンピース
- サテン(緑)95cm幅×200cm
- ラメプリーツ110cm幅×50cm※切ってもほつれないもの。
- 接着芯100cm幅×10cm
- マジックテープ2cm×5cm
- プラスチックボールオーナメント大小適宜

◆ブレスレット
- ゴム(オーナメントに近い色のもの)1cm幅×30cm
- プラスチックボールオーナメント大小適宜

※本作品でプラスチックボールオーナメントは100円ショップのアソートパックを使用。鈴などを使ってもかわいい。

### [作り方の順番] ＊は図を参照

◆ワンピース
1. 実物大パターンに合わせてサテンの生地をカットし、ヨークには接着芯を貼る。
2. 身頃の袖ぐりと、裾部分はアイロンでできあがりに折っておく。
3. ラメプリーツの生地は、長さは布幅のまま10cm幅にカットする。＊
4. 3でカットした生地を身頃に縫いつける。＊
5. ラメプリーツのはみ出した部分を身頃に合わせてカットし、袖ぐりを縫う。＊
6. ヨークの肩を表裏それぞれ縫い合わせ、外周の縫い代を折って、アイロンをかける。＊
7. 表側のヨークに身頃を縫いつける。＊
8. 7に裏側のヨークを合わせて縫う。＊
9. 角の余分な縫い代をカットし、縫い代をできあがりに折ってアイロンをかけ、表に返す。＊
10. 表と裏のヨークをできあがりにそろえ、6のアイロンの折り目に沿って外周を縫う。

■かんたんバージョン＊
見返しが難しそうなら、肩ひもタイプで作りましょう。
見返し以外は、上記と同様に3まで作る。→身頃の見返しつけ部分の縫い代は、そのまま折り込んで縫う。→別途に1～1.5cm幅のひもを作っておき、ちょうどいい長さにして本体に縫いつける。

11. 脇を縫い合わせ、縫い代は割って、アイロンをかける。
12. 裾は2でアイロンをかけた折り目をガイドラインにして縫う。
13. マジックテープを見返しに縫いつける。＊
14. プリーツに沿って、垂直に1～1.5cm幅で縫いつけ部分ぎりぎりまで切り込みを入れ、適当な位置にオーナメントを通す。

POINT! オーナメントにひもがついている場合は外す。オーナメントのひもの通し穴に通るくらいでカットすること。目打ちでキュッと通せるくらいにすると、自然に引っかかって動いても落ちない。切り込みを入れる前に、どのくらいの幅がいいか、必ず試しましょう。

◆ブレスレット
1. ひも通し穴にゴムを通し、オーナメントをどんどんつなげていく。
POINT! 自然に互い違いになってボリュームがでるので、気にせず通していく。
2. こどもの手首のサイズに合わせて結ぶ。

◎グレーの色がついたパーツは実物大パターン有り

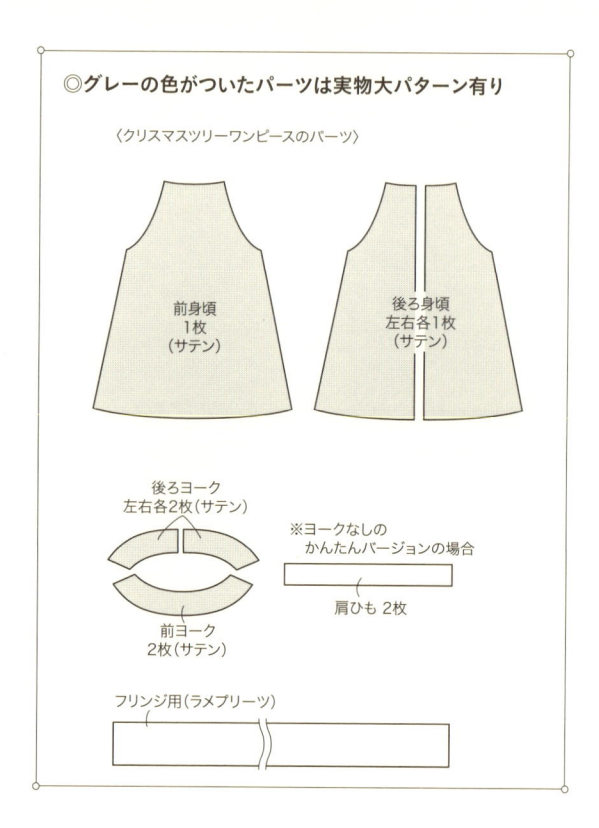

〈クリスマスツリーワンピースのパーツ〉

前身頃 1枚(サテン)
後ろ身頃 左右各1枚(サテン)
後ろヨーク 左右各2枚(サテン)
前ヨーク 2枚(サテン)
※ヨークなしのかんたんバージョンの場合 肩ひも 2枚
フリンジ用(ラメプリーツ)

## ◆ワンピース

**3** ラメプリーツの生地を10cm幅にカットする

プリーツの向き 10
布幅 カットする

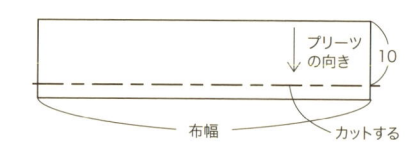

**4** プリーツを身頃に縫いつける

POINT! つけ位置に布端をそろえ、0.5cmほど下を縫う。足りなくなったら、0.5cmほど重ねて継ぎ足す。脇部分は縫い込むので、余分に縫い代をつけておき、仮どめしておくこと。プリーツを引っ張りすぎないように、縫いつける。

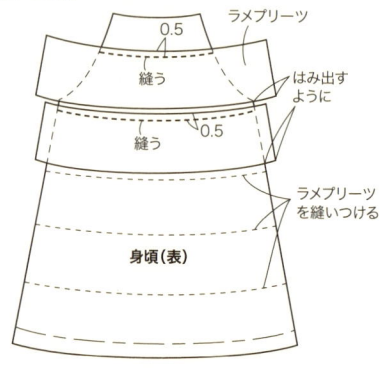

0.5 ラメプリーツ
縫う はみ出すように
縫う 0.5
ラメプリーツを縫いつける
身頃(表)

5　身頃の袖ぐりは、できあがりに折って縫う

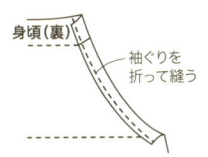

身頃(裏)
袖ぐりを折って縫う

6　ヨークの肩を表裏それぞれ縫い合わせ、外周の縫い代を折って、アイロンをかける

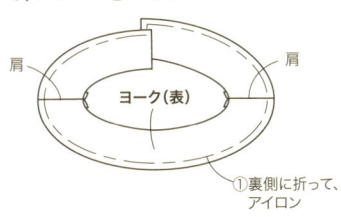

肩　　肩
ヨーク(表)
①裏側に折って、アイロン

7　表側のヨークに身頃を縫いつける

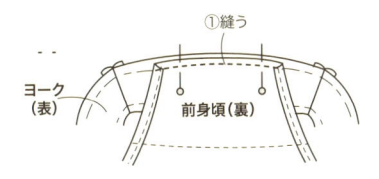

①縫う
ヨーク(表)　前身頃(裏)

8　裏側のヨークを合わせて縫う

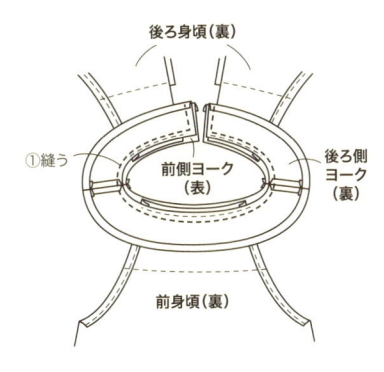

後ろ身頃(裏)
①縫う
前側ヨーク(表)
後ろ側ヨーク(裏)
前身頃(裏)

9　角の余分な縫い代をカットし、縫い代をできあがりに折ってアイロンをかけ、表に返す

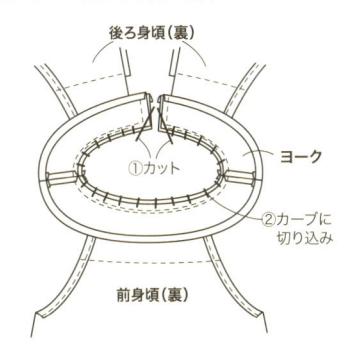

後ろ身頃(裏)
①カット
ヨーク
②カーブに切り込み
前身頃(裏)

■かんたんバージョン

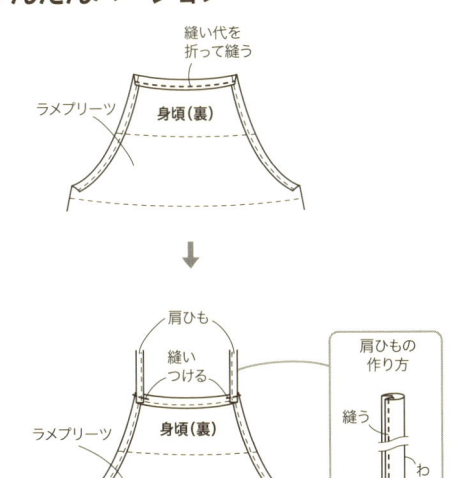

縫い代を折って縫う
ラメプリーツ
身頃(裏)

↓

肩ひも
縫いつける
ラメプリーツ
身頃(裏)

肩ひもの作り方
縫う
わ

13　マジックテープを見返しに縫いつける

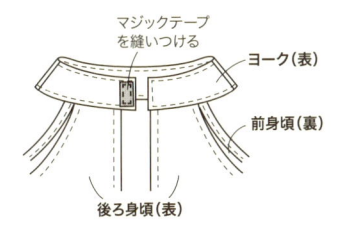

マジックテープを縫いつける
ヨーク(表)
前身頃(裏)
後ろ身頃(表)

## I はち
p.18

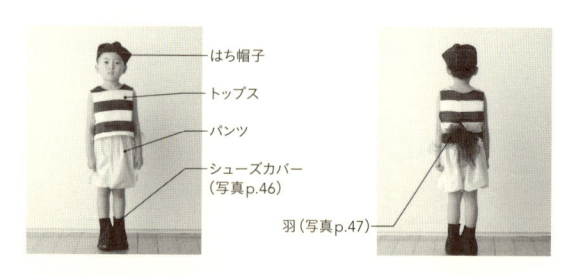

　　　　　　　はち帽子
　　　　　　　トップス
　　　　　　　パンツ
　　　　　　　シューズカバー
　　　　　　　（写真p.46）
　　　　　　　羽（写真p.47）

### [材料]
◆トップス
- サテン(黒)95cm幅×30cm
- サテン(黄色)95cm幅×60cm
- 接着芯100cm幅×30cm
- マジックテープ(黒)1.5cm幅×15cm

◆パンツ
- クラッシュベロア(黄色)110cm幅×50cm
- ゴム1cm幅×180cm

◆シューズカバー
- フェルト(黒)60cm幅×40cm
- ゴム(黒)2cm幅×20cm
- マジックテープ(黒)1.5cm幅×20cm

◆羽
- チュール(黒)112cm幅40cm
- フェルト(黒)適宜
- ゴム(黒)2cm幅×70cm
- マジックテープ(黒)1.5cm幅×10cm

◆帽子
- フェルト(黒)60cm幅×40cm

■かんたんバージョン
帽子ではなく、触覚カチューシャでもかわいい。カチューシャにモールを巻きつけるだけ！

### [作り方の順番] ＊は図を参照

◆トップス
1. しましまの生地を作る。＊

■かんたんバージョン
もともとしましまのかわいい生地があれば、それを利用してもよい。もっとかんたんにしたいときは、既製品の黒のタンクトップに、リボンなどをつけて。

2. しましま生地で、身頃をカットする。＊
3. 見返しに接着芯を貼る。
4. 身頃、見返しのそれぞれ肩と脇を縫い、縫い代を割って、アイロンをかける。
5. 身頃と見返しを中表に合わせ、できあがりに縫う。＊
6. 5の縫い代をできあがりに折り、カーブの部分には切り込みを入れ、角の余分な縫い代はカットして、表に返す。＊
7. 後ろ中心と裾部分はできあがりに折ってアイロンをかけ、縫う。
   POINT！▶後ろ中心はしましまなので、縫うときに糸の色を換えるのが面倒な場合は、縫わなくても大丈夫！
8. マジックテープを3カ所くらいに縫いつける。＊

◆パンツ
p.56プリンスのパンツの作り方の順番2～9と同様。

◆シューズカバー　※参考くつサイズ18cm。
1. 実物大パターンに合わせてフェルトをカットする。
   POINT！▶フェルトは表裏関係ないため、2枚同様にカットしてよいが、左右がわかるように目印をつけておくこと。
2. マジックテープを縫いつける。＊
3. それぞれを組み合わせ、中表に合わせて縫う。＊
4. 表に返し、とんがり部分は目打ちできれいに引き出す。

5. 底部分にゴムをつける。＊

◆羽
1. チュールは中心に向けて、やや重なるように突き合わせにする。中心部分をぐし縫いし、縫い縮めて軽くとめる。＊
2. フェルトを3cmくらいの短冊にカットし、ゴムの中心にくるっと巻きつけ、縫いとめる。
   POINT！▶ゴムが固くて縫いにくいので、チュール部分をつけやすくするための作業。なくても大丈夫！
3. マジックテープを縫いつける。
   POINT！▶こどものサイズに合わせておくか、10cmくらいのマジックテープをつけておくと、調節がきくので便利。

◆はち帽子
1. 実物大パターンに合わせて生地をカットし、各パーツを2枚中表に合わせて縫う。これを2セット作る。
2. 1の2枚はぎパーツに、さらにもう1枚中表に合わせて縫う(3枚はぎが2セットできる)。
   POINT！▶縫い代を割って、アイロンをかけておくときれいに仕上がる。
3. もう一方と中表に合わせて縫う。
   POINT！▶縫い代を割って、アイロンをかけておくときれいに仕上がる。
6. 頭囲の縫い代を内側に折り曲げて、縫う。
7. てっぺん部分は余分な縫い代をカットしてから返し、丁寧に目打ちで引き出す。

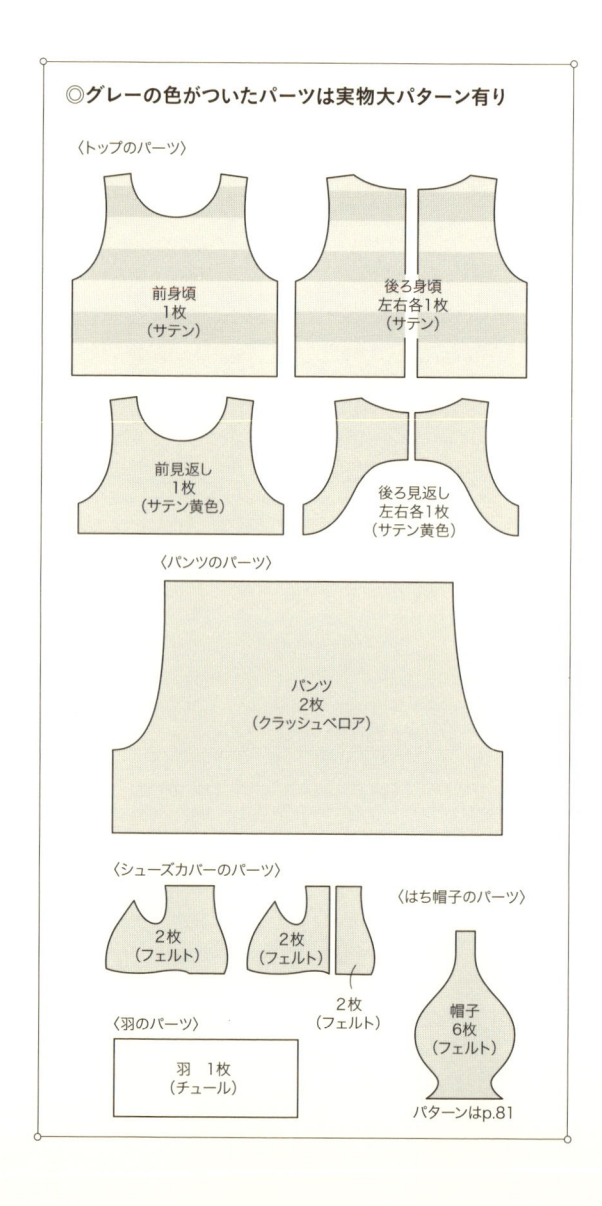

### ◎グレーの色がついたパーツは実物大パターン有り

〈トップのパーツ〉
- 前身頃 1枚（サテン）
- 後ろ身頃 左右各1枚（サテン）
- 前見返し 1枚（サテン黄色）
- 後ろ見返し 左右各1枚（サテン黄色）

〈パンツのパーツ〉
- パンツ 2枚（クラッシュベロア）

〈シューズカバーのパーツ〉
- 2枚（フェルト）
- 2枚（フェルト）
- 2枚（フェルト）

〈羽のパーツ〉
- 羽 1枚（チュール）

〈はち帽子のパーツ〉
- 帽子 6枚（フェルト）

パターンはp.81

## ◆ トップス

**1 しましまの生地を作る**
布幅いっぱいに8㎝にカットし、黒と黄色を交互に縫い合わせてアイロンをかけ、一枚布にする（黒3枚、黄色4枚）。
**POINT!** ミシン糸で色の合うものがあれば、縫い代を下側に倒して、ステッチをかけておくとしっかりする。

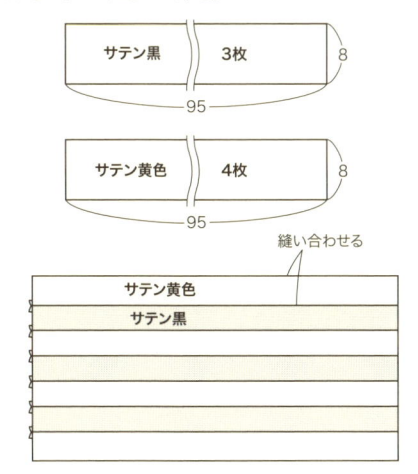

- サテン黒 3枚　8／95
- サテン黄色 4枚　8／95
- 縫い合わせる（サテン黄色／サテン黒）

**2 身頃をカットする**
**POINT!** ステッチをかけない場合は、手荒に扱うと、はぎ目の縫い目がはずれてくるので、やさしく扱うこと。

肩位置を合わせる — 前身頃／後ろ身頃／後ろ身頃

**4・5 身頃、見返しのそれぞれ肩と脇を縫い、中表に合わせ、できあがりに縫う**

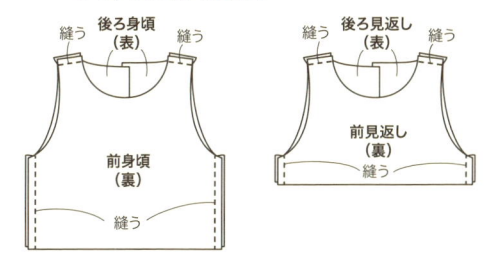

後ろ身頃（表）／前身頃（裏）／縫う
後ろ見返し（表）／前見返し（裏）／縫う

**6 縫い代をできあがりに折り、カーブの部分には切り込みを入れ、角の余分な縫い代はカットして、表に返す**

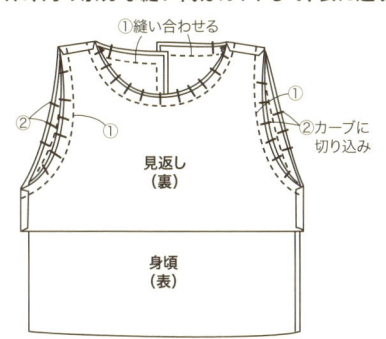

①縫い合わせる　②カーブに切り込み
見返し（裏）／身頃（表）

**8 マジックテープを3カ所くらいに縫いつける**

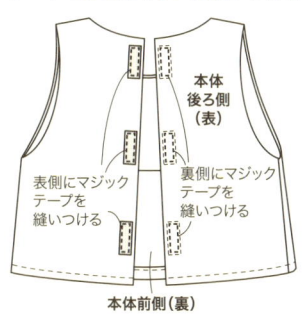

本体後ろ側（表）
表側にマジックテープを縫いつける
裏側にマジックテープを縫いつける
本体前側（裏）

## ◆ シューズカバー

**2・3 マジックテープを縫いつけ、それぞれを組み合わせ、中表に縫う**

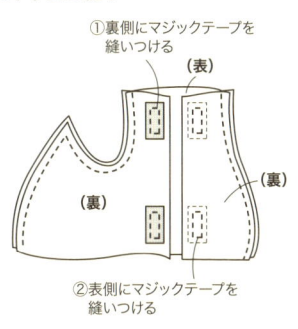

①裏側にマジックテープを縫いつける
（表）（裏）
②表側にマジックテープを縫いつける

**5 底部分にゴムをつける**
**POINT!** 長さはこどもの靴のサイズによって異なるが、縫い代を含めて12㎝ずつくらい。

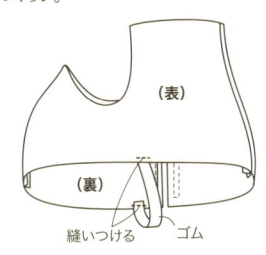

（表）／（裏）／縫いつける／ゴム

## ◆ 羽

**1 チュールは中心に向けて、やや重なるように突き合わせにする。中心部分をぐし縫いし、縫い縮めて軽くとめる**

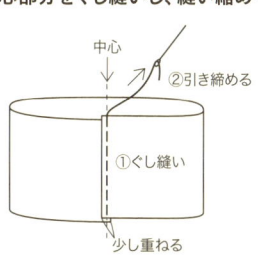

中心　②引き締める
①ぐし縫い
少し重ねる

## J おばけちゃん
p.22

### [材料]
◆ワンピース
- 既製品のこども用キャミソール（白）1枚
- チュール（厚手/白）120㎝幅×60㎝
- チュール（薄手/白）150㎝幅×300㎝〈ベールの分も含む〉
- フェルト（黒）40㎝幅×40㎝
- モール（太め/シルバー）200㎝〈ベールの分も含む〉
- 安全ピン適宜

◆アンダースカート
- サテン（白）95㎝幅×120㎝
- ゴム1㎝幅×70㎝

◆ベール
- チュール（薄手／白）ワンピースの残りを使用
- ヘアコーム1個

### [作り方の順番] ＊は図を参照

◆ワンピース
1. キャミソールをカットする。＊
2. チュールをカットし、両脇を縫う。＊
3. チュールのつけ位置の縫い代をぐし縫いする。
   POINT! ギャザーを調節しながら寄せられるよう、縫い終わりは糸を長めに残しておく。
4. キャミソールに中表に縫いつける。＊
5. フェルトで顔パーツを作る。それぞれ2枚合わせて縫う。＊
6. 顔パーツのふちにモールをそわせながら、まつってつける。＊
7. 顔パーツの裏面に安全ピンを手でまつってつける。

◆アンダースカート
1. 生地をカットする。＊
2. ウエスト部分を1.5㎝ずつの三つ折り、裾を1㎝に折り、アイロンをかけて、折り目をつける。
3. 脇を縫い、縫い代を割って、アイロンをかける。
4. 2でつけた折り目にそって、ウエストと裾を縫う。
   POINT! ウエストは、ゴムの通し口を縫い残すこと。
5. ゴムを通し、ちょうどいい長さに結ぶ。

◆ベール
1. チュールをカットする。＊
2. ⅔ぐらいが重なるように折り、わの部分にぐし縫いをし、ヘアコームの幅に縫い縮める。＊
3. 1をコームにまつってつける。
4. モールをリボン型にねじって、コームの中央にまつってつける。

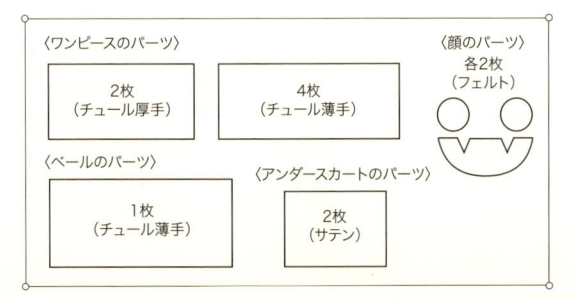

〈ワンピースのパーツ〉
- 2枚（チュール厚手）
- 4枚（チュール薄手）

〈顔のパーツ〉
- 各2枚（フェルト）

〈ベールのパーツ〉
- 1枚（チュール薄手）

〈アンダースカートのパーツ〉
- 2枚（サテン）

### ◆ワンピース

1. **キャミソールを胸元下くらいに、縫い代を1㎝つけてカットする**
   POINT! 縫い位置部分に、接着芯を2㎝幅くらいで貼っておくと、スカート部分がつけやすく、伸びどめにもなる。

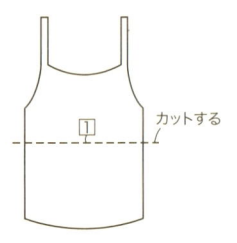

2. **チュールをそれぞれ布幅で60㎝丈にカットし、重ねて両脇を縫う**
   POINT! 薄手は同じものを4枚重ねて両脇を縫う。

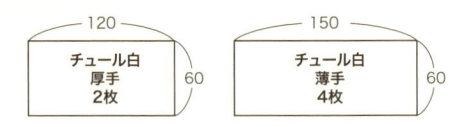

   - チュール白 厚手 2枚　120×60
   - チュール白 薄手 4枚　150×60

4. **キャミソールに中表に縫いつける**
   ①中表に重ね、合わせる
   ②縫う
   キャミソール（裏）
   チュール（裏）

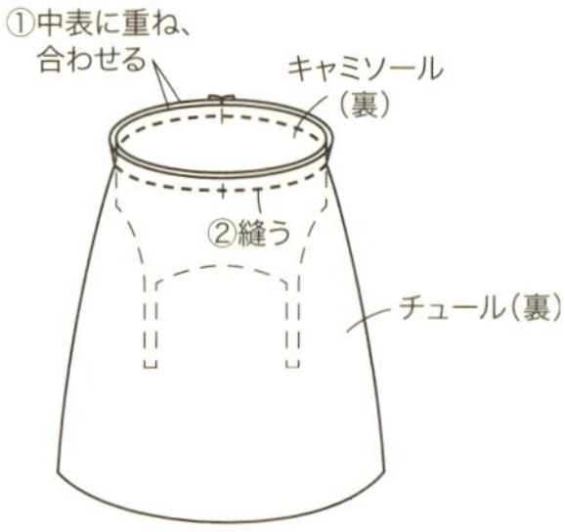

5. 6. **顔パーツを作る**
   ①チュール（表）にパーツを縫いつける
   ②モールを周囲にまつりつける
   8　11　23

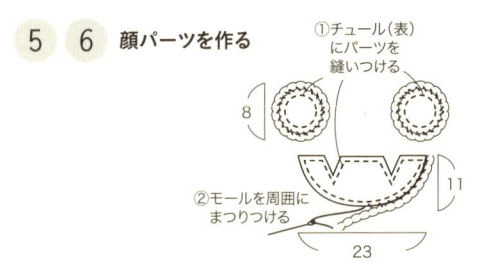

### ◆アンダースカート

1. **生地をカットする**
   サテン白 2枚　85×60

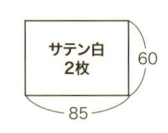

### ◆ベール

1. 2. **チュールをカットし、わにしてぐし縫いする**
   チュール白 薄手 1枚　150×70
   わ　ぐし縫い

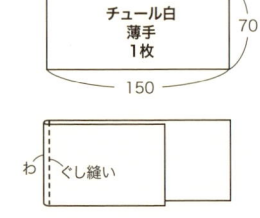

## L 魔女
p.25

◎グレーの色がついたパーツは実物大パターン有り

〈フリルスリーブTシャツのパーツ〉
袖（チュール）
2種類 各2枚

〈オーバースカートのパーツ〉
（チュール）
4種類 各8枚

〈帽子のパーツ〉
（フェルト）
ブリム 1枚

トップ 1枚
（フェルト）

2種類 各1枚 （チュール）

### [材料]

◆フリルスリーブTシャツ
- 既製品のこども用Tシャツ（黒）1枚

◆オーバースカート
- チュール（薄手/黒・オレンジ・紫・黒地に星柄）各112cm幅×70cm〈フリルスリーブTシャツと魔女ハットの分も含む〉
- ヘアゴム太め60cm

◆魔女ハット
- フェルト（黒）60cm幅×70cm

◆魔法の杖
- 厚紙または段ボール 16cm×8cm
- 箸または割り箸 1本
- 銀色の折り紙・キラキラテープ・アルミホイルなど適宜

### [作り方の順番] *は図を参照

◆フリルスリーブTシャツ
1. Tシャツの袖をカットする。
   **POINT!** ぴったりなサイズならば、袖のつけ根ギリギリでカット。ゆったりめならば、少し内側でカットするとかわいい。
2. 袖の実物大パターンに合わせて好みのチュール2色をフリル用にカットする。
3. チュールを2枚重ね、中心と肩縫い目を合わせ、中表に合わせて縫う。*
4. 袖下は内側に折り込んで縫う。*

◆オーバースカート
1. こどものウエストに合わせて、ゴムを輪にして結ぶ。
2. チュールをカットする。*
3. 椅子の背などを利用して、カットしたチュールをどんどん結ぶ。*

◆魔女ハット
1. 実物大パターンに合わせてフェルトをカットする。
2. トップを円錐形に中表に合わせて縫い、先端の余分な縫い代はカットする。*
3. ブリムとトップを中表にして、ぐるっと縫う。*
4. 好みの色のチュールを2～3本カットする。*
5. カットしたチュールを少しねじり、帽子に巻きつけて結ぶ。

◆魔法の杖
1. 箸または割り箸に、銀色の紙を巻きつける。
2. 厚紙または段ボールを星型にカットする。厚紙の場合は、同じものを2枚カットし、棒の部分をはさんでとめる。段ボールの場合は、蛇腹部分に棒を差し込んでとめる。
3. 棒部分を固定し、銀色の紙やキラキラテープを貼りつける。

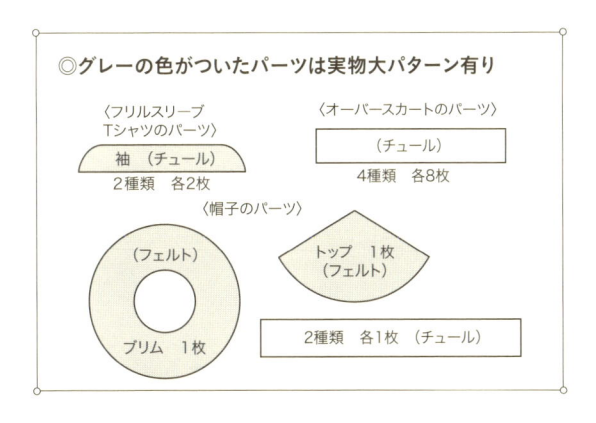

魔女ハット（写真p.45）
フリルスリーブTシャツ
オーバースカート
魔法の杖（写真p.47）

### ◆フリルスリーブTシャツ

3. チュールを2枚重ね、袖に縫いつける

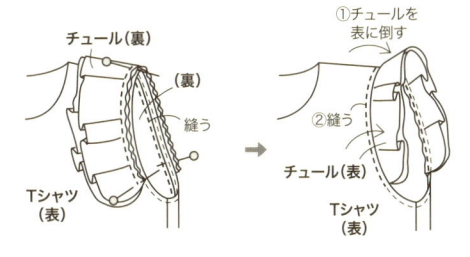

4. 袖下は内側に折り込んで縫う
   ①チュールを表に倒す
   ②縫う

### ◆オーバースカート

2. チュールをカットする
   チュール 70 ×12
   4種類 各8枚（計32枚）

3. ゴムの輪に、カットしたチュールをどんどん結ぶ
   順番などは気にせず、バランスを見ながら結んでいく。
   半分に折る
   ヘアゴム
   わの部分に両端をとおし、結びつける

### ◆魔女ハット

2. トップを縫う
   **POINT!** 縫い代を割って、アイロンをかける。表に返し、目打ちできれいに先をとがらせる。
   ①縫う
   ②余分をカット
   ③割ってアイロン

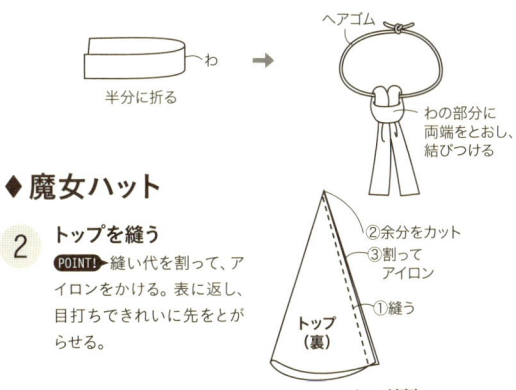

3. ブリムとトップを縫う
   **POINT!** 縫い代は内側に倒して縫うときれいに仕上がる。
   ①縫う

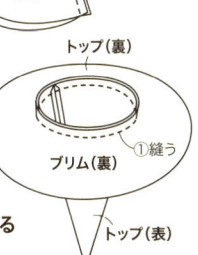

4. チュールを2～3本カットする
   チュール 2種類 各1枚 80 ×12

## K 海賊
p.24

海賊ハット(写真p.45)
サーベル(写真p.47)
ブラウス
ジレ
カマーバンド
パンツ

### [材料]
◆ブラウス
- 既製品のブラウス(大人用、本作品は大人のMサイズを使用)1枚
- ケミカルレース13㎝幅×110㎝
- ゴム1㎝幅×40㎝

◆ジレ
- サテン(こげ茶)120㎝幅×60㎝

◆パンツ
- コットン110㎝幅×60㎝
- ゴム1㎝幅×120㎝

◆カマーバンド
- サテン(金)95㎝幅×50㎝
- 接着芯100㎝幅×15㎝
- マジックテープ2㎝幅×15㎝

◆帽子
- フェルト(黒)60㎝幅×70㎝

◆サーベル
- 厚紙・段ボールなど適宜
- レンジカバー用アルミシートまたはアルミホイル
- 金テープ・両面テープ・セロテープなど

### [作り方の順番] *は図を参照

◆ブラウス
1. 既製品のブラウスの衿をつけ位置ギリギリでカットし、袖はこどもに合わせて長さを確認し、縫い代をつけてカットする。
    POINT! 肩の線はそのままで、たるませられるくらいにカットする。本作品は袖丈30㎝。やわらかめの生地でゆったり作ると、フランス風のかわいらしいものに仕上がる。着丈は40㎝くらいにカットし、裾を縫う。
    かんたん! パンツに入れてしまうので、そのままでもOK。
2. 袖口にレースをつける。*
3. 袖口につけたレースの縫い代に、ゴムを引っ張りながら、縫いつける。
4. 衿元にレースをつける。*

◆ジレ
1. 実物大パターンに合わせて生地をカットし、肩部分を縫う。縫い代を割って、アイロンをかける。*
2. 袖ぐりの縫い代をできあがりに折って、アイロンをかけ、縫う。*
3. 脇を縫い合わせ、縫い代を割って、アイロンをかける。*
4. 衿ぐりから裾までをできあがりに折って、アイロンをかけ、縫う。*

◆パンツ
1. 実物大パターンに合わせて生地をカットする。
    POINT! ウエスト部分を1㎝と4㎝のところ、裾を3㎝のところで折ってアイロンをかけておく(後の作業がラクになる)。
2. 脇と股下を中表に合わせて縫う。*
3. 1で折った折り目を目安に、ウエストを縫う。そのままミシンをかけても。
    かんたん! 難しければ三つ折りにせず、縫い代はそのままミシンをかけても。
    POINT! 後でゴムを通すので、通し口を縫わずにあけておく。
4. ゴムを2本通すため、3で縫ったウエスト部分の中心に、もう1本ミシンをかける。
5. 裾もゴムの通し口をあけて縫う。*
6. 表に返して、ウエスト、裾にゴムを通し、ちょうどよいサイズに結ぶ。

◆カマーバンド
1. 生地をカットする。*
2. 裏側に端から2㎝間隔に線を引く。*
3. 2の山折りのきわにミシンをかけて、ピンタックのようにする(表から見るとプリーツのように見えるようにするため)。*
4. 2で折った布端の三つ折りを縫う。
5. サイドも三つ折りにして縫う。
6. こどものサイズを確認して、マジックテープを縫いつける。
※かんたんバージョンはp.58プリンスのカマーバンドの作り方を参照。

◆帽子
1. 実物大パターンに合わせてフェルトをカットし、端から0.5㎝くらいのところで縫い合わせる。
    POINT! 縁を折り返すので、縫い代は外側になる。

◆サーベル
1. ナイフ部分を作る。4分割にたたまれていたレンジカバー用アルミシートに両面テープを貼り、そのまま1枚に貼りつけ、持ち手部分をつけてカットする。
2. 持ち手部分に、適当な大きさに段ボールか厚紙をカットし、巻きつける。
3. 持ち手に金テープを貼る。
4. 厚紙を短冊状にカットし、両サイドに持ち手を通す長方形の穴を開け、金テープを貼る。
5. 4を半円形に曲げ、持ち手を通して、さらに金テープで固定する。

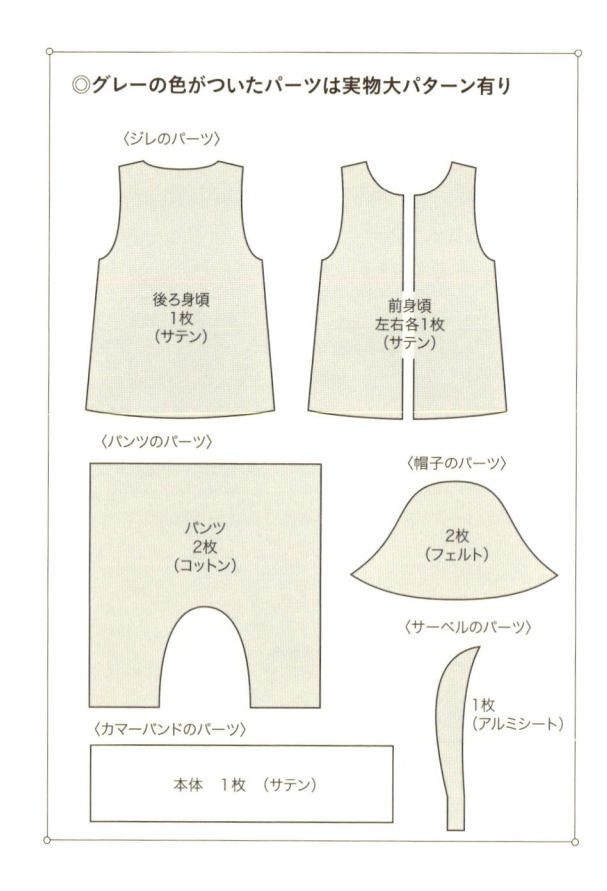

◎グレーの色がついたパーツは実物大パターン有り

〈ジレのパーツ〉
後ろ身頃 1枚 (サテン)
前身頃 左右各1枚 (サテン)

〈パンツのパーツ〉
パンツ 2枚 (コットン)

〈帽子のパーツ〉
2枚 (フェルト)

〈カマーバンドのパーツ〉
本体 1枚 (サテン)

〈サーベルのパーツ〉
1枚 (アルミシート)

## ◆ ブラウス

**2　袖口にレースをつける**

後でゴムをつけるので、袖口のサイズと同じ長さに縫い代をつけてカットし、輪にする。袖口と中表に合わせ、縫いつける。

袖口用レース

片側だけスカラップ（波状部分）をカットする

**4　衿元にレースをつける**

レースの中心をぐし縫いして、縫い締め、前立ての中心に縫いつける。縫い終わりはそのまま垂らしておくか、縫いつけ、ボタンホール部分に切り込みを入れておく。

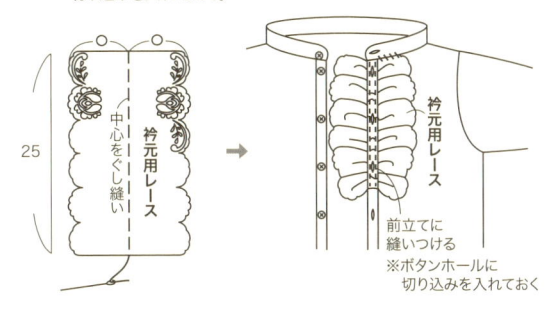

25
中心をぐし縫い
衿元用レース

衿元用レース
前立てに縫いつける
※ボタンホールに切り込みを入れておく

## ◆ ジレ

**1　2　身頃の肩部分、袖ぐりを縫う**

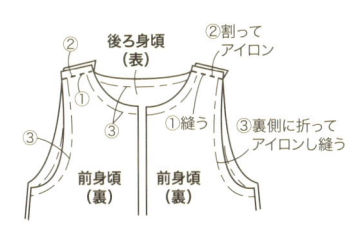

後ろ身頃（表）
①縫う
②割ってアイロン
③裏側に折ってアイロンし縫う
前身頃（裏）　前身頃（裏）

**3　4　脇、衿ぐりから裾までを縫う**

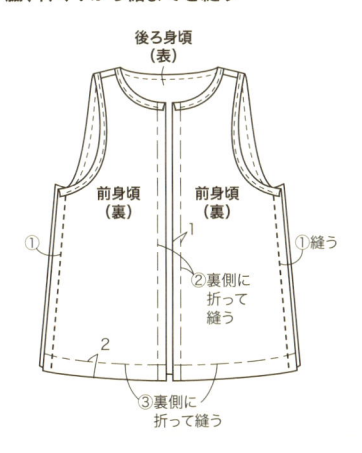

後ろ身頃（表）
前身頃（裏）　前身頃（裏）
①縫う
②裏側に折って縫う
③裏側に折って縫う

## ◆ パンツ

**2　脇と股下を中表に合わせて縫う**

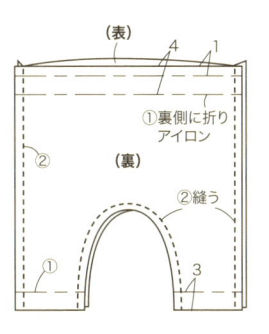

（表）
①裏側に折りアイロン
②縫う

**3−5　ウエスト、裾を縫う**

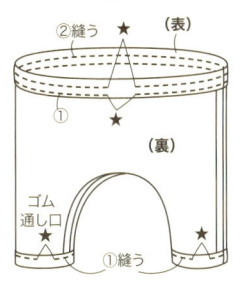

（表）
①
②縫う
（裏）
ゴム通し口★
①縫う

## ◆ カマーバンド

**1　生地をカットする**

POINT! カットする前に、こどものウエストサイズを確認して、足りないようなら調節を。幅があるので、お腹の一番大きいサイズに合わせること！

サテン金
70　18

**2　3　裏側に端から2cm間隔に線を引く**

上下の1本目は、1cmの三つ折りにアイロンをかけ、ほかの線は山折りにしておく。山折りのきわを縫う。

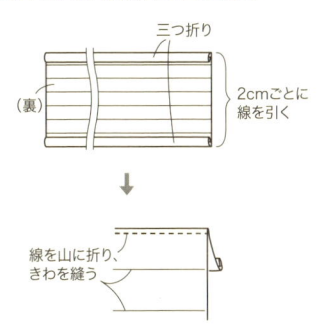

三つ折り
（裏）
2cmごとに線を引く

線を山に折り、きわを縫う

## M くり
p.28

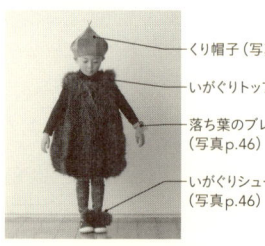

2 端をぐるっとぐし縫いし、綿やハギレを丸めて入れ、引き絞ってボール状にする。＊
3 縫い代を中に押し込みながら、適当にとめつける。＊
4 ヘアクリップに縫いとめる。

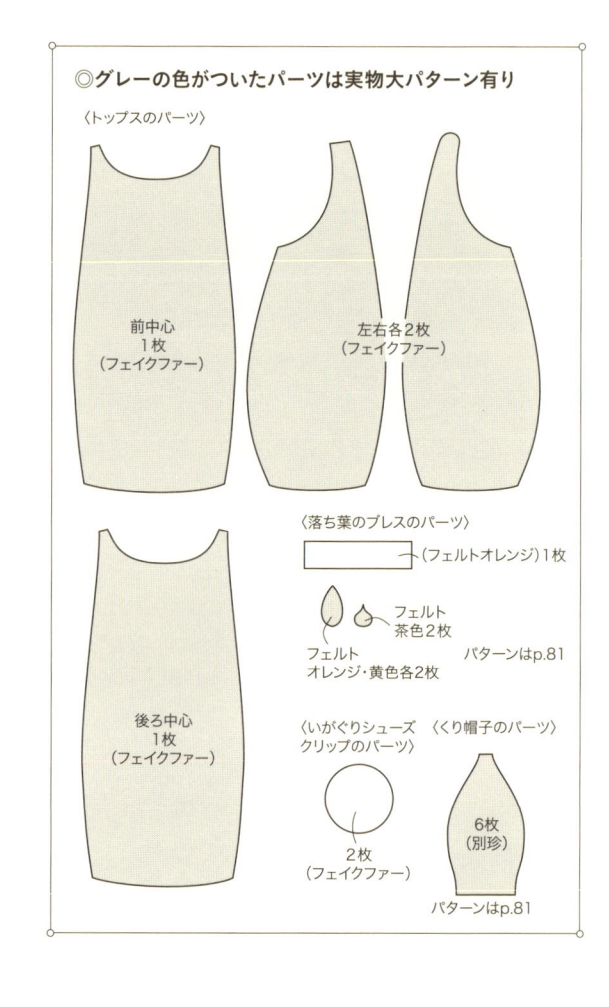

くり帽子（写真p.45）
いがぐりトップス
落ち葉のブレス（写真p.46）
いがぐりシューズクリップ（写真p.46）

[材料]
◆いがぐりトップス
・フェイクファー（こげ茶）110㎝幅×120㎝〈シューズクリップの分も含む〉
・マジックテープ2㎝幅×5㎝
◆くり帽子
・別珍またはウールなど（茶）80㎝幅×25㎝
・丸ひも（こげ茶）20㎝
・接着芯適宜（本体の生地によって必要であれば）
◆落ち葉のブレス
・フェルト（オレンジ・黄色・茶色など）30㎝幅×30㎝
・ゴム1㎝幅×30㎝
◆いがぐりシューズクリップ
・フェイクファー（こげ茶）いがぐりトップスの残りを使用
・ヘアクリップ2個
・布のハギレ適宜

[作り方の順番] ＊は図を参照
◆いがぐりトップス
1 実物大パターンに合わせて生地をカットする。
 POINT! カットのときに出るハギレは、シューズクリップで綿の代わりに使うので、まとめて取っておくこと。
2 前身頃のパーツを中表に合わせて縫い、後ろ身頃も同様にして縫う。右前後の肩部分を縫う。＊
3 袖ぐりの縫い代をできあがりに折って縫う。左側は肩がつながっていないので、首周りも続けてぐるっと縫う。＊
4 前後の脇を縫う。＊
5 裾をできあがりに縫う。＊
6 左肩の持ち出し部分にマジックテープを縫いつける。＊

◆くり帽子
1 実物大パターンに合わせて生地をカットし、必要であれば接着芯を貼る。
 POINT! ある程度の張りがある生地のほうがきれいに仕上がる。
2 2枚のパーツを中表に合わせて縫い、これを合計2セット作る。
3 2の各パーツに、さらにもう1枚中表に縫い合わせ、3枚はぎを2セット作る。
4 片方の3枚はぎのパーツのてっぺんに、丸ひもを3本仮どめする。＊
5 もう一方と中表にして縫い合わせる。
 POINT! てっぺんのひもを縫い込まないように気をつけて。縫い合わせたら、縫い代を割ってアイロンをかけておくと、きれいに仕上がる。バスタオルなどを丸めたものに帽子をかぶせるとアイロンがかけやすくなる。
6 頭囲の縫い代を内側に折り曲げて縫う。
7 ひものバランスを見てカットする。
 POINT! 切り端はボンドをほんの少しつけておくと、ほつれずにきれい。

◆落ち葉のブレス
1 実物大パターンに合わせて葉っぱとくりをカットし、2枚合わせて縫う。＊
2 本体部分を作る。＊
3 ゴムを通して結び、結び目を中に入れ、通し口をまつる。
4 1で作ったパーツを適当に縫いつける。

◆いがぐりシューズクリップ
1 余っているファーを直径12㎝くらいにカットする。
 POINT! だいたいで大丈夫！皿などを置いて、線をひけばラク。

◎グレーの色がついたパーツは実物大パターン有り

〈トップスのパーツ〉
前中心 1枚（フェイクファー）
左右各2枚（フェイクファー）
後ろ中心 1枚（フェイクファー）

〈落ち葉のブレスのパーツ〉
（フェルトオレンジ）1枚
フェルト茶色2枚
フェルトオレンジ・黄色各2枚
パターンはp.81

〈いがぐりシューズクリップのパーツ〉
2枚（フェイクファー）

〈くり帽子のパーツ〉
6枚（別珍）
パターンはp.81

## ◆ いがぐりトップス

**2, 3** 前身頃と後ろ身頃のパーツを縫い、肩と袖ぐりも縫う

**POINT!** 左側はマジックテープで開閉できるようにするので縫わない。

**かんたん!** 開閉のための持ち出しの処理が面倒な場合は、頭が通る大きさに衿ぐりを大きくして作ると"かぶり"にできる。

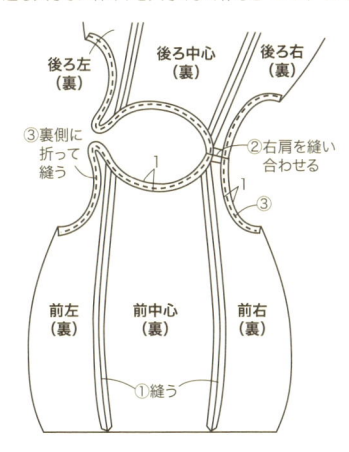

- 後ろ左（裏）
- 後ろ中心（裏）
- 後ろ右（裏）
- ③裏側に折って縫う
- ②右肩を縫い合わせる
- ③
- 前左（裏）
- 前中心（裏）
- 前右（裏）
- ①縫う

**4-6** 前後の脇と裾を縫い、左肩の持ち出し部分にマジックテープを縫いつける

**POINT!** 縫い合わせ部分は、目打ちなどでファーを引き出しておくと、縫い目が見えずにきれいに仕上がる。

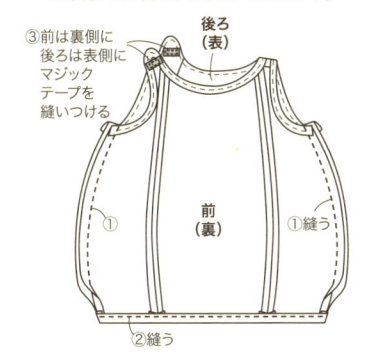

- 後ろ（表）
- ③前は裏側に後ろは表側にマジックテープを縫いつける
- 前（裏）
- ①縫う
- ②縫う

## ◆ くり帽子

**4** 片方の3枚はぎのパーツのてっぺん部分に、丸ひもを3本仮どめする

**POINT!** 最終的にはカットするので、飛び出す部分は長めに残して大丈夫。

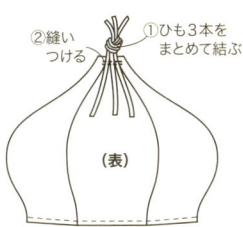

- ②縫いつける
- ①ひも3本をまとめて結ぶ
- （表）

## ◆ 落ち葉のブレス

**1** 葉っぱとくり、それぞれを2枚合わせて縫う

**かんたん!** 洋裁用ボンドで貼ってもOK。

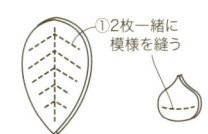

- ①2枚一緒に模様を縫う

**2** 本体部分を作る

フェルトをカットして輪に縫う。さらに輪にして、ゴムの通し口を残して縫う。

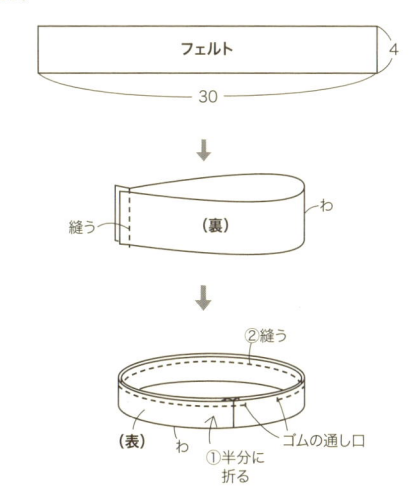

- フェルト
- 30
- 4
- 縫う
- （裏）
- わ
- ②縫う
- （表）
- わ
- ゴムの通し口
- ①半分に折る

## ◆ いがぐりシューズクリップ

**2, 3** ぐし縫いして綿やハギレを丸めて入れ、引き絞ってボール状にし、適当にとめつける

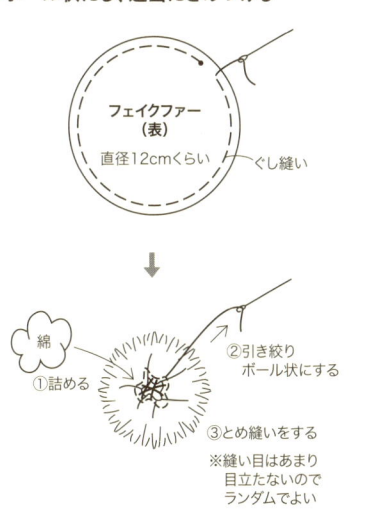

- フェイクファー（表）
- 直径12cmくらい
- ぐし縫い
- 綿
- ①詰める
- ②引き絞りボール状にする
- ③とめ縫いをする
- ※縫い目はあまり目立たないのでランダムでよい

## N かぼちゃ
p.29

◎グレーの色がついたパーツは実物大パターン有り

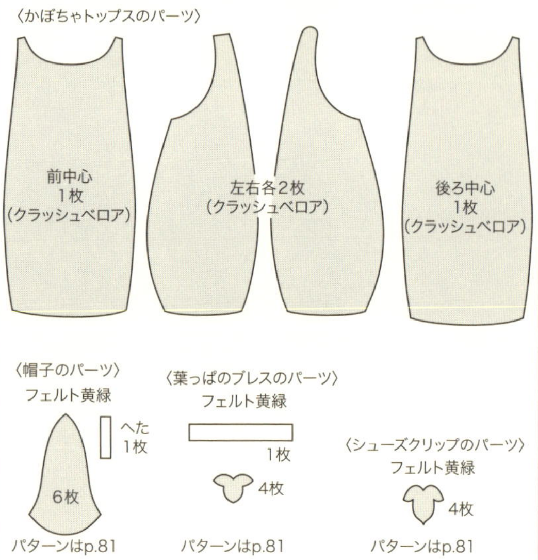

〈かぼちゃトップスのパーツ〉

前中心 1枚（クラッシュベロア）

左右各2枚（クラッシュベロア）

後ろ中心 1枚（クラッシュベロア）

〈帽子のパーツ〉
フェルト黄緑

へた 1枚

6枚

〈葉っぱのブレスのパーツ〉
フェルト黄緑

1枚

4枚

〈シューズクリップのパーツ〉
フェルト黄緑

4枚

パターンはp.81

- かぼちゃ帽子（写真p.45）
- かぼちゃトップス
- 葉っぱのブレス（写真p.46）
- 葉っぱのシューズクリップ（写真p.46）

### [材料]

**◆かぼちゃトップス**
- クラッシュベロア（オレンジ）110cm幅×120cm
- 接着芯110cm幅×120cm
- フェルト（黒）30cm×30cm
- マジックテープ2cm幅×5cm

**◆かぼちゃ帽子**
- フェルト（黄緑）60cm幅×70cm〈シューズクリップ・ブレスの分も含む〉

**◆葉っぱのブレス**
- フェルト（黄緑）かぼちゃ帽子の残りを使用
- モール（黄緑）20cm
- ゴム1cm幅×30cm

**◆葉っぱのシューズクリップ**
- フェルト（黄緑）かぼちゃ帽子の残りを使用
- ヘアクリップ2個

### [作り方の順番] ＊は図を参照

**◆かぼちゃトップス**
1 実物大パターンに合わせて生地をカットし、接着芯を貼る。
POINT! ▶ 接着芯を貼ることで、丸みに張りが出てかわいく仕上がるため、手間を惜しまずに。
2 前身頃のパーツを中表に合わせて縫い、後ろ身頃も同様にして縫う。
3 フェルトをカットして、顔のパーツを作る。＊
※以降はp.78いがぐりトップスの作り方の順番3〜6と同様。

**◆かぼちゃ帽子**
※p.78くり帽子の作り方の順番1〜5と同様。ただし、てっぺんにつけるものが異なる。作り方3では、へた用のフェルトをカットして半分に折り、仮どめする。＊

**◆葉っぱのブレス**
※p.78落ち葉のブレスの作り方の順番1〜4と同様。モールは、まっすぐなままとめつけた後、ペンなどに巻きつけて蔓のようにカールさせる。＊

**◆葉っぱのシューズクリップ**
1 ブレスと同様に葉っぱを作る。
2 ヘアクリップに縫いとめる。
かんたん! ▶ 葉っぱに穴を開けて、くつひもに通す方法も。＊

### ◆かぼちゃトップス

**3** フェルトをカットして、前身頃に顔のパーツを縫いつける（脇を縫う前に）
かんたん! ▶ 洋裁用ボンドで貼りつけてもOK。

バランスよく縫いつける

### ◆かぼちゃ帽子

**3** てっぺんにフェルトを仮どめする
POINT! 1枚仕立てなので、ふちの縫い代は端だけでもボンドで貼って押さえておくと、きれいに見える。

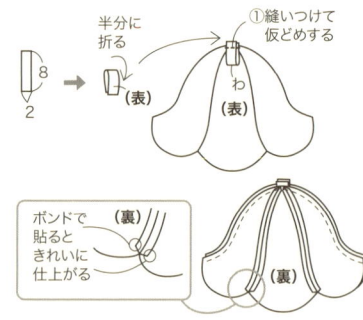

半分に折る

①縫いつけて仮どめする

ボンドで貼るときれいに仕上がる

### ◆葉っぱのブレス

モールをカールさせる

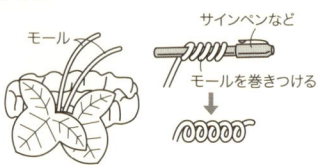

サインペンなど
モールを巻きつける

### ◆葉っぱのシューズクリップ

かんたん! 穴を開けてくつひもに通す

Ⓜ 落ち葉のブレス（2枚）

Ⓝ シューズクリップ（4枚）

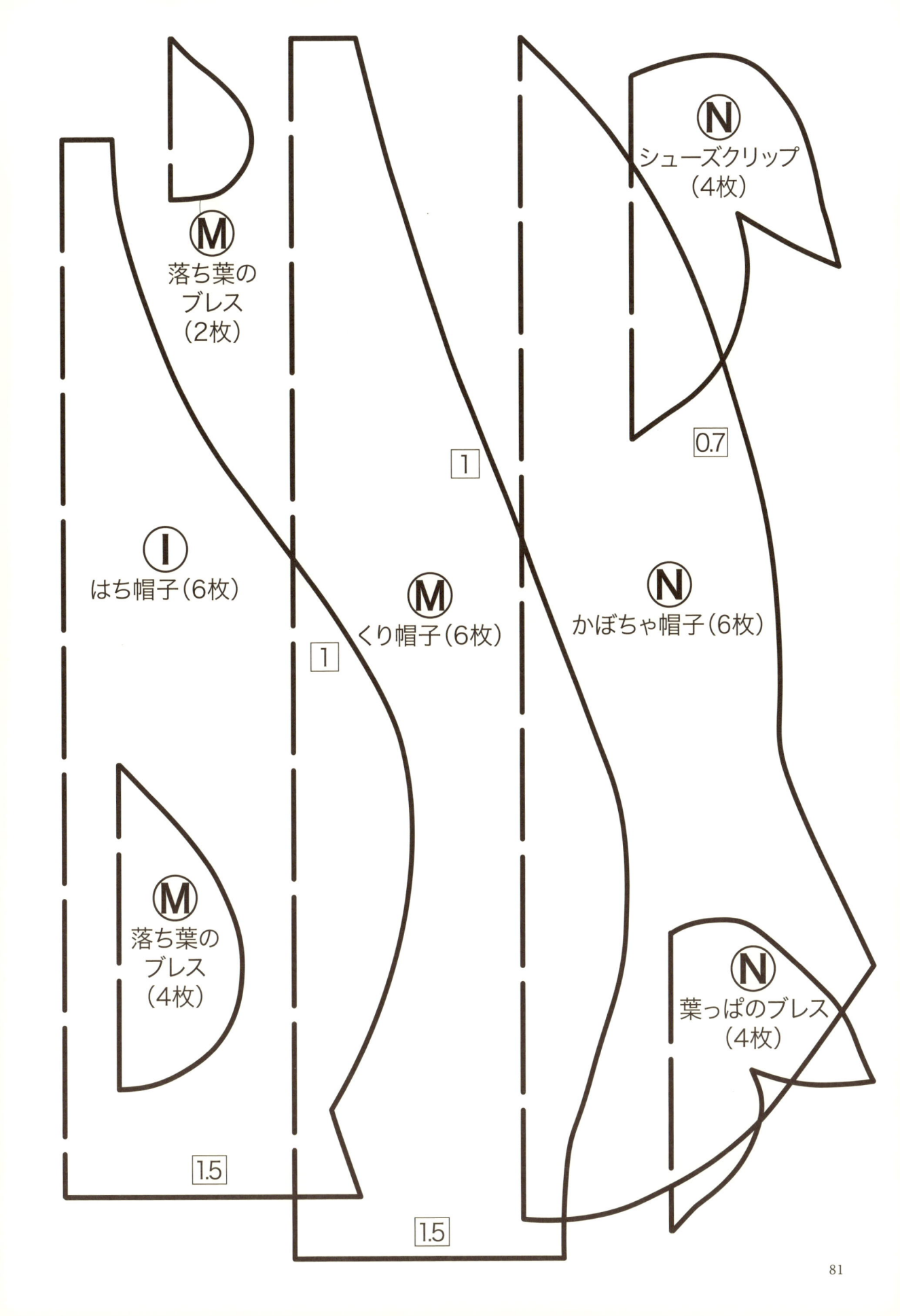

Ⓘ はち帽子（6枚）

Ⓜ くり帽子（6枚）

Ⓝ かぼちゃ帽子（6枚）

Ⓜ 落ち葉のブレス（4枚）

Ⓝ 葉っぱのブレス（4枚）

1　1　0.7　1.5　1.5

# ⓪ パンクガール
p.32

カチューシャ（写真p.44）
ネクタイリボン（写真p.48）
コルセット
スカート

## [材料]

◆ コルセット・スカート・カチューシャ合計
- サテン(黒)95cm幅×50cm
- サテン(白)95cm幅×15cm
- サテン(ドット)95cm幅×30cm
- サテン(ボーダー)95cm幅×50cm〈ネクタイリボンの分も含む〉
- レース(黒)150cm幅×10cm
- レース(黒)フリル状のもの4cm幅×250cm

◆ コルセット
- レース(黒)フリル状のもの1.5cm幅×30cm
- リボン(黒)1cm幅×100cm
- 接着芯100cm幅×15cm
- ゴム1cm幅×150cm〈スカートの分も含む〉

◆ ネクタイリボン
- サテン(ボーダー)コルセットなどの残りを使用

◆ カチューシャ
- カチューシャ(黒)1個
- フェルト(黒)5cm幅×5cm
- 好みのボタン適宜

## [作り方の順番] *は図を参照

◆ コルセット
1. 生地をカットし、裏地には接着芯を貼る。*
2. C後ろ中心の生地をできあがりで折って縫う。*
3. A前中心の白のサテンにフリルレースを仮どめする。*
4. 3にBサイドの黒の生地を中表に合わせて縫い、縫い代を倒してアイロンをかける。*
5. 4にAB裏地を中表に合わせて縫い、縫い代をできあがりに折ってアイロンをかけ、表に返す。*
6. Dも表裏ともに、黒のサテンで5と同様にして作る。*
7. 5と6で作った両サイドの生地に、C後ろ中心の生地を中表に合わせて縫い、縫い代は前側に倒してミシンをかける。
8. アイロンをかけてきれいに1枚の布状になったら、マジックテープを縫いつける。*
9. 白のサテン生地とフリルのきわに、バランスを見ながらリボンを待ち針で仮どめしてから縫いつける。リボンを結び、解けないように中心部分を縫いとめる。*
10. C後ろ中心に3～4カ所、ゴムを引っ張りながら縫いつけ、シャーリングにする。*

◆ スカート
1. 実物大パターンに合わせて本体の生地をカットし、ウエスト部分を1cmと3cm、裾を1cmのところで折ってアイロンをかける。
2. 表側にフリルつけ位置の線を引く。
3. 脇を縫い、縫い代を割ってアイロンをかける。
4. ウエストと裾を1でつけた折り目にそって、できあがりに縫う。
   POINT! ウエストはゴムの通し口を縫い残しておくこと！
5. フリルを作る。レース地は切りっぱなしで6cm幅にカットする。サテン生地は、ほつれるのが嫌な場合は、6cm幅にカットし、片側にロックミシンをかける(7cmにカットして、片側を1cmの縫い代で折って縫ってもよい)。
   POINT! フリルはつけ位置の長さの約1.5倍に。本作品では上から、1と2段目はフリル全長150cm、3～5段目は全長240cmに。
6. 5のレースを輪状に縫い合わせる。
7. 6の縫い代の端をぐし縫いしてギャザーを寄せる。
   POINT! 後でバランスよくつけるために、4分割にして目印をつけておくと、脇、前中心、後ろ中心に揃える目安になる。布を4つにたためば、定規を使わなくても、目処がつく。前後2本のぐし縫いをしておくと、調節がしやすい。
8. 7で作ったフリルをバランスよくピンで仮どめし、最下段からつけていく。*
9. 裾にフリルレースをつける。*
10. ウエストにゴムを通して、ちょうどいい長さで結ぶ。

■ かんたんバージョン
フリルをカーブにつけるのがむずかしければ、本体生地を四角いままでつけていく方法で作る。広がり感はやや抑えられてしまうが参考までに。
1. 本体生地をカットする。
2. 裾とウエスト部分をできあがりで折ってアイロンをかける。
3. レースつけ位置に印をつけ、通常バージョンと同様にレースをつけていく。布の量や技術に応じて、レースの段数を減らしてもOK。その場合は、レースの幅を適宜広げること。
4. レースをつけ終わったら、中表にして輪にし、縫い代を割ってアイロンをかける。
5. 裾を2でつけた折り目をガイドラインにして縫う。
6. ウエスト部分をゴムの通し口をあけて縫い、ゴムを通して結ぶ。

◆ ネクタイリボン
ボーダー生地で作る場合は、柄合わせのため、先に25cm幅×50cmを2枚カットし、柄を合わせて縫い合わせ、長くして使用。スカートのフリル用の生地をカットする前に、ネクタイ生地をキープしておくこと！
1. 生地を半分に折ってアイロンをかけ、実物大パターンに合わせてカットし、返し口を残して、できあがりに縫う。
2. 縫い代をできあがりで折ってアイロンをかける。
   POINT! 角の余分な縫い代はカットする。
3. 返し口から表に返し、アイロンをかける。
   POINT! 角を目打ちでひっくり返すときれいになる。
4. できあがりに縫い、返し口もここで閉じる。

◆ カチューシャ
1. フリルを作った残りの生地を2cm幅くらいにカットする。
   POINT! 切りっぱなしでも大丈夫！
2. カチューシャ全体に両面テープを貼り、1でカットした生地を巻きつける。巻き終わりをボンドでしっかりとめる。
3. フェルトに、バランスを見ながら1の生地、リボン、レースを適当な長さにカットし、半分に折って、お花のように中心にボンドで貼るか縫いつける。
   POINT! 一番下が一番大きく、上になるにしたがって小さくなるようにつけていく。
4. ちょうどいいサイズになったら、中心にボタンなどを縫いつける。ボンドで貼ってもOK。
5. 5のフェルトの裏面をカチューシャのバランスのいい位置に縫いつける。

◎グレーの色がついたパーツは実物大パターン有り

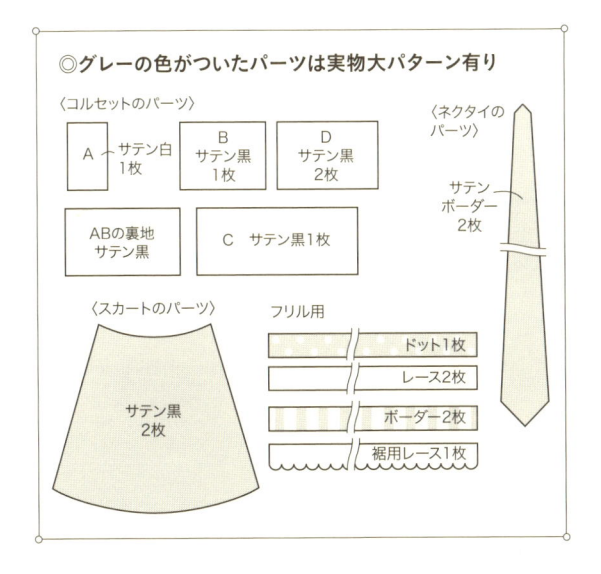

〈コルセットのパーツ〉
- A サテン白 1枚
- B サテン黒 1枚
- D サテン黒 2枚
- ABの裏地 サテン黒
- C サテン黒 1枚

〈ネクタイのパーツ〉
- サテンボーダー 2枚

〈スカートのパーツ〉
- サテン黒 2枚

フリル用
- ドット 1枚
- レース 2枚
- ボーダー 2枚
- 裾用レース 1枚

♦ コルセット

1. 生地をカットし、裏地には接着芯を貼る(厚地を2枚貼るとしっかりする)

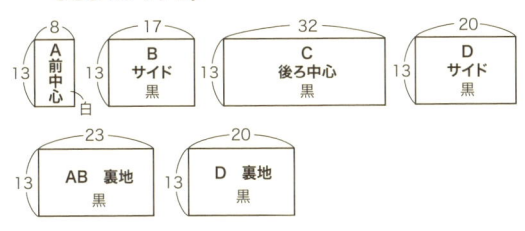

- A 前中心 白 8×13
- B サイド 黒 17×13
- C 後ろ中心 黒 32×13
- D サイド 黒 20×13
- AB 裏地 黒 23×13
- D 裏地 黒 20×13

2. 後ろ中心の生地をできあがりに折って縫う

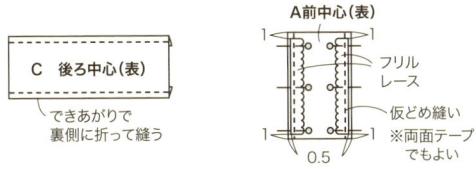

C 後ろ中心(表)
できあがりで裏側に折って縫う

3. 前中心にフリルのレースを仮どめする

A前中心(表)
フリルレース
仮どめ縫い
※両面テープでもよい

4. 前中心とサイドを中表に合わせて縫う

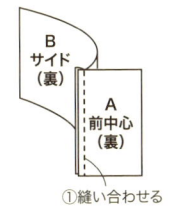

Bサイド(裏)
A前中心(裏)
①縫い合わせる

5. 4と裏地を中表に合わせて縫い、表に返す
POINT! 角の余分な縫い代カットする。

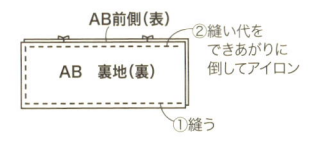

AB前側(表)
AB 裏地(裏)
①縫う
②縫い代をできあがりに倒してアイロン

8. 1枚の布状になったら、マジックテープを縫いつける

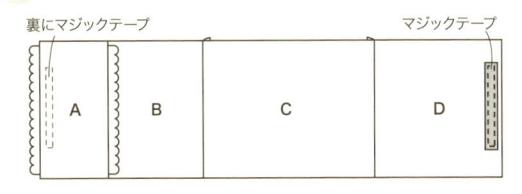

裏にマジックテープ
A B C D
マジックテープ

9. リボンを仮どめしてから縫いつけて結び、解けないように中心部分を縫いとめる

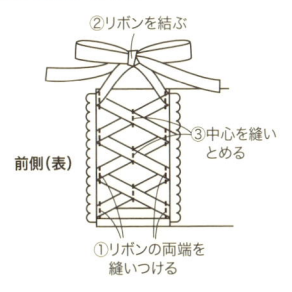

前側(表)
①リボンの両端を縫いつける
②リボンを結ぶ
③中心を縫いとめる

10. ゴムを引っ張りながら縫いつけ、シャーリングにする

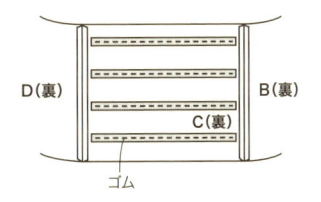

D(裏) C(裏) B(裏)
ゴム

♦ スカート

8.9. フリルを最下段からつけていき、裾にもフリルレースをつける

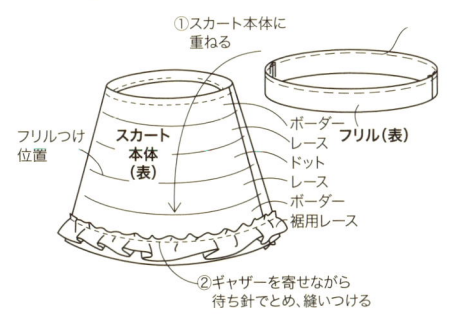

①スカート本体に重ねる
スカート本体(表)
フリルつけ位置
フリル(表)
ボーダー
レース
ドット
レース
ボーダー
裾用レース
②ギャザーを寄せながら待ち針でとめ、縫いつける

## P ドラキュラ
p.34

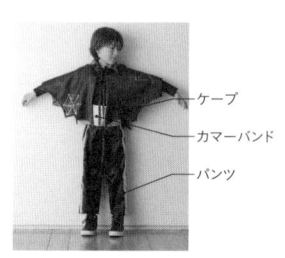

◎グレーの色がついたパーツは実物大パターン有り

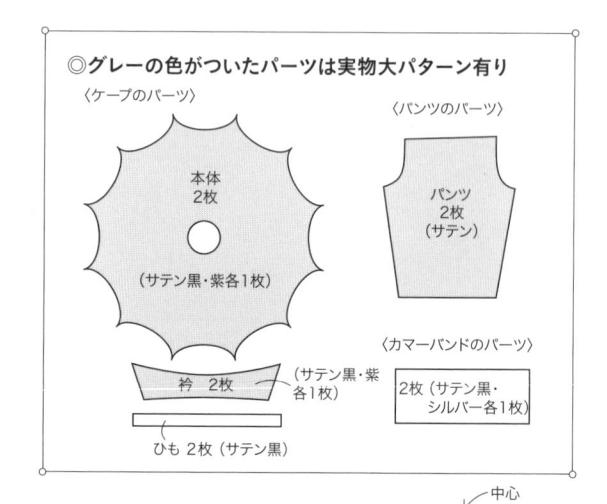

〈ケープのパーツ〉 本体 2枚 （サテン黒・紫各1枚）

〈パンツのパーツ〉 パンツ 2枚（サテン）

衿 2枚（サテン黒・紫各1枚）

〈カマーバンドのパーツ〉 2枚（サテン黒・シルバー各1枚）

ひも 2枚（サテン黒）

### [材料]
◆ケープ
- サテン(黒)95cm幅×95cm
- サテン(紫)95cm幅×120cm
- 接着芯(黒)100cm幅×30cm〈カマーバンドの分も含む〉
- グリッター

◆パンツ
- サテン95cm幅×120cm
- サテンテープ(シルバー)2cm幅×200cm
- ゴム1cm幅×60～120cm

◆カマーバンド
- サテン(黒)95cm幅×20cm
- ラメ生地(シルバー)95cm幅×20cm
- マジックテープ2cm幅×15cm

### [作り方の順番] ＊は図を参照

◆ケープ
1. 実物大パターンに合わせて生地をカットする。＊
2. 衿を作る。＊
3. 合い印を合わせながら表地に中表に合わせ、縫い代を仮どめする。＊
4. 表地と裏地を中表に合わせ、できあがりに縫う（衿も同時に縫い込む）。＊
5. 縫い目を倒してアイロンをかけ、角の余分な縫い代をカットする。カーブの部分は切り込みを入れて、表に返す。
6. できあがりにアイロンをかけて縫う。同時に返し口も縫って閉じる
7. 首ひもを作って、縫いつける。＊
   - かんたん！既製品のリボンなどでもよい。
8. グリッターかラメパウダーで、蜘蛛の巣の絵を描く。＊
   - ラメパウダーの場合は、細口の洋裁ボンドで絵を描いた後、乾かないうちにラメパウダーをたっぷり振りかけ、余分な粉を払い落とす。

■超かんたんバージョン
長方形の布にゴムやリボンを通してマントにできる。＊
黒いビニール袋にシルバーのペンで蜘蛛の巣を描けば、さらにかんたん。

◆パンツ
1. 実物大パターンに合わせて生地をカットし、サテンテープを縫いつける。＊
2. 股下を中表に合わせて縫う。＊
3. 2の片方を表に返す。
4. 中表に重ね、股ぐりを縫う。＊
5. 1で折った折り目を目安に、ウエスト部分を縫う。＊
6. ゴムを2本通すため、5で縫ったウエスト部分の中心に、もう1本ミシンをかける。
   - かんたん！面倒ならば、省いても大丈夫。
7. ゴムを通し、こどものウエストサイズに合わせて結ぶ。

◆カマーバンド
※p.57プリンスのカマーバンドの作り方の順番と同様。

### ◆ケープ

**1 生地をカットする**

POINT！ パターンは円形をベースにした1/4サイズ。95cm幅の生地にギリギリ入る大きさのため、まず正方形にカットする。1/4にたたんでぴったり合わせ、アイロンをかける。ずれないようにピンを打ち、パターンどおりカットし、折り目の1本だけに切り込みを入れる。

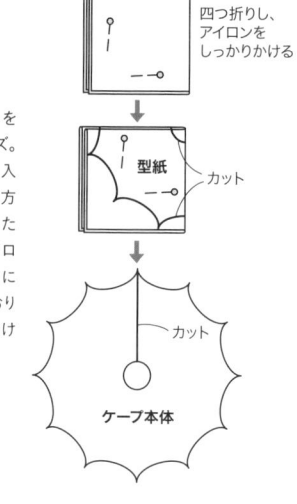

中心／四つ折りし、アイロンをしっかりかける／型紙／カット／カット／ケープ本体

**2 衿を作る**

裏地だけに接着芯を貼り、中表に合わせて縫う。

POINT！ 縫った後、縫い代をできあがりにアイロンをかける。カーブの部分は切り込みを入れ、余分な縫い代はカットし、表に返す。

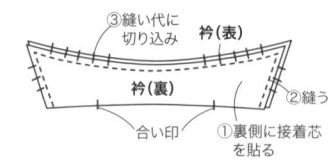

①裏側に接着芯を貼る／②縫う／③縫い代に切り込み／衿(表)／衿(裏)／合い印

**3 4 表地と裏地を中表に合わせて仮どめし、できあがりに縫う**

POINT！ 返し口を縫い残すこと。前中心のいずれかの一部を残すと作業がラク。

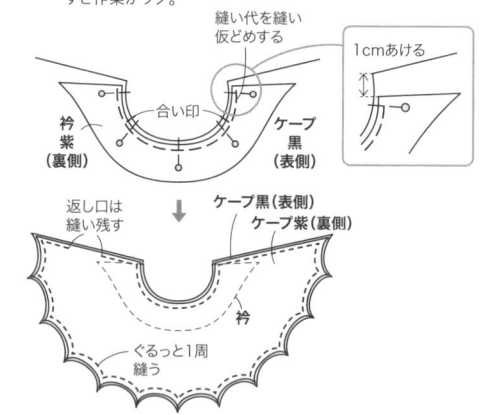

縫い代を縫い仮どめする／1cmあける／合い印／衿紫(裏側)／ケープ黒(表側)／返し口は縫い残す／ケープ黒(表側)／ケープ紫(裏側)／衿／ぐるっと1周縫う

## 7 首ひもを作る

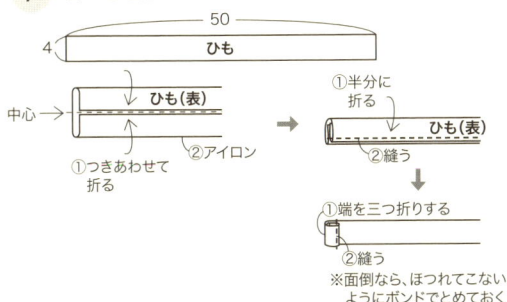

- ①つきあわせて折る
- ②アイロン
- ①半分に折る
- ②縫う
- ①端を三つ折りする
- ②縫う

※面倒なら、ほつれてこないようにボンドでとめておく

## 8 グリッターかラメパウダーで、蜘蛛の巣の絵を描く

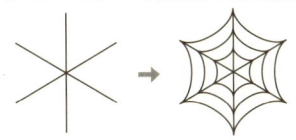

### ■ 超かんたんバージョン

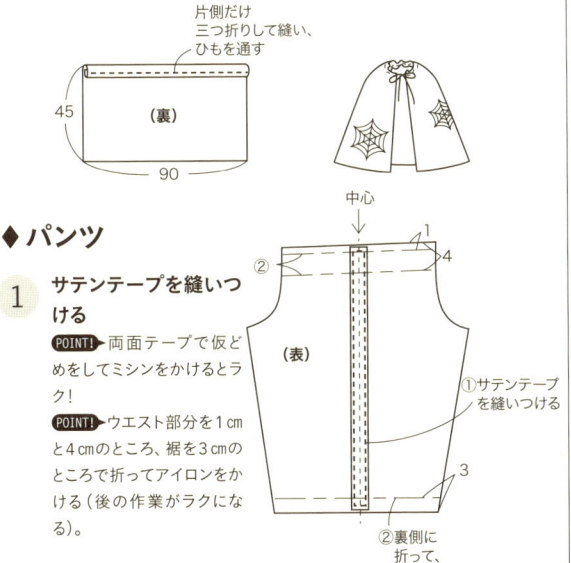

片側だけ三つ折りして縫い、ひもを通す

### ◆ パンツ

**1 サテンテープを縫いつける**

POINT! 両面テープで仮どめをしてミシンをかけるとラク！

POINT! ウエスト部分を1cmと4cmのところ、裾を3cmのところで折ってアイロンをかける（後の作業がラクになる）。

①サテンテープを縫いつける
②裏側に折って、アイロン

**2 股下を中表に合わせて縫う**

POINT! 前と後ろがわかるように、印をつけておく。

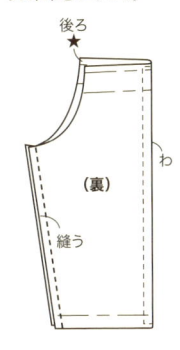

**4 中表に重ね、股ぐりを縫う**

**5 ウエスト部分を縫う**

POINT! 後でゴムを通すので、通し口を縫わずにあけておく。

かんたん！ 三つ折りにせず、縫い代はそのままミシンをかけてもOK。

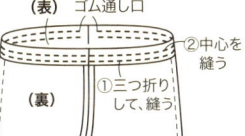

①三つ折りして、縫う
②中心を縫う
ゴム通し口

---

## R うさぎ
### p.38

- うさぎフード（写真p.45）
- うさぎトップス
- うさぎパンツ
- ミトン（写真p.46）
- うさぎシューズクリップ（写真p.46）

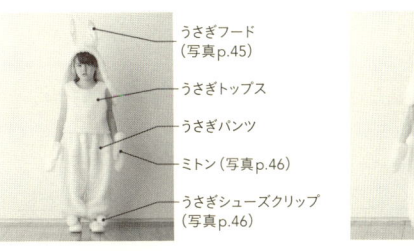

### [材料]

◆ すべてのアイテム合計
- シープボア(白)150cm幅×150cm

◆ うさぎトップス
- サテンまたはコットン(白)95cm幅×30cm
- マジックテープ(白)1.5cm幅×20cm

◆ うさぎパンツ
- ゴム1cm幅×220cm〈ミトンの分も含む〉

◆ うさぎフード
- コットンまたはフェルト(薄ピンク)90cm幅×10cm
- 針金または接着芯適宜
- 丸ひも(白)直径2mm×60cm

◆ うさぎシューズクリップ
- ヘアクリップ2個
- 布のハギレ適宜

### [作り方の順番] ＊は図を参照

◆ うさぎトップス
1. 実物大パターンに合わせて生地をカットする。
   POINT! カットのときに出るハギレは、シューズクリップで綿の代わりに使うので、まとめて取っておくこと。

※以降p.72にてトップスの作り方の順番4～8と同様。

◆ うさぎパンツ
※p.56プリンスパンツの作り方の順番2～9と同様。

10. 余っているボアを直径25～30センチくらいにカットする。
    POINT! だいたいで大丈夫！お皿などを置いて線をひけばラク。
11. 端をぐるっとぐし縫いし、ハギレを丸めて入れ、引き絞ってボール状にする。縫い代を内側に入れながら、さらに引き絞って、まつり閉じる。
12. パンツのお尻に、バランスよく縫いつけるか安全ピンでとめる。

◆ うさぎフード
1. 実物大パターンに合わせて生地をカットする。
2. 耳を作る。＊
3. 耳を本体にはさみ込んで縫う。＊
4. 3にひもを仮どめする。ひもの端は結んでおく。＊
5. 見返しの左右を中表に合わせて縫って開き、本体と合わせてできあがりに縫って表に返す。
   POINT! 見返しは本体内側の縫い代部分にまつってとめておくと、ヒラヒラせずに、すっきり仕上がる。
6. 余っているボアを直径12cmくらいにカットする。
   POINT! だいたいで大丈夫！お皿などを置いて線をひけばラク。
7. 端をぐるっとぐし縫いし、ハギレを丸めて入れ、引き絞ってボール状にする。ひもの先をそれぞれ結んで中に入れ込み、さらに引き絞って縫い代を内側に入れながら、まつり閉じる。

◆ ミトン
1. 実物大パターンに合わせて生地をカットする。
2. 2枚を中表に合わせて縫う＊
   POINT! 大きめなので、左右は気にしなくて大丈夫。
3. 親指のつけ根のカーブの縫い代に切り込みを入れ、表に返し、指部分は目打ちできれいに引き出す。＊

4 手首部分を2cmくらい内側に折り、ゴムの通し口を残して縫う。
5 ゴムを通し、ちょうどいい長さで結んでカットする。

◆ うさぎシューズクリップ
※p.78いがぐりシューズクリップの作り方の順番と同様。

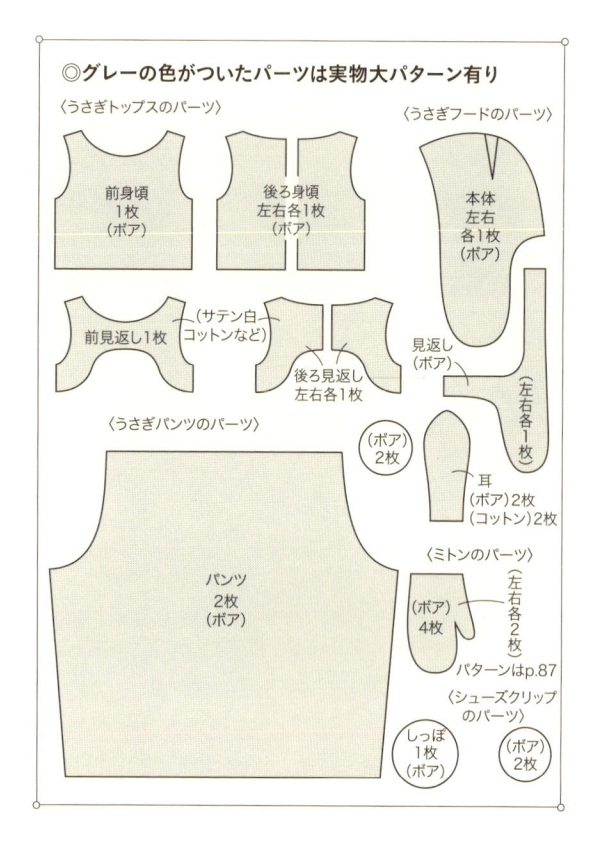

◎グレーの色がついたパーツは実物大パターン有り

〈うさぎトップスのパーツ〉
前身頃 1枚（ボア）
後ろ身頃 左右各1枚（ボア）
前見返し1枚（サテン白コットンなど）
後ろ見返し 左右各1枚

〈うさぎフードのパーツ〉
本体 左右各1枚（ボア）
見返し（ボア） 左右各1枚
耳（ボア）2枚（コットン）2枚

〈うさぎパンツのパーツ〉
パンツ 2枚（ボア）

〈ミトンのパーツ〉
（ボア）左右各4枚2枚
パターンはp.87

〈シューズクリップのパーツ〉
しっぽ1枚（ボア）
（ボア）2枚

◆ うさぎフード

2 耳を作る
ボアとコットンなどの生地を中表に合わせて縫う。余分な縫い代はカットし、表に返す。
POINT！ 張りをもたせるために、針金を入れるか接着芯を貼る。針金は先を丸めて入れること。本体にはさみ込むときは、針金が少し飛び出るようにして内側に折り込むとしっかりする。

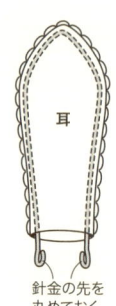

耳
針金の先を丸めておく

3 耳を本体にはさみ込んで縫う
POINT！ 針金を使う場合は、針金部分を避けて縫うこと。手縫いのほうが縫いやすい。

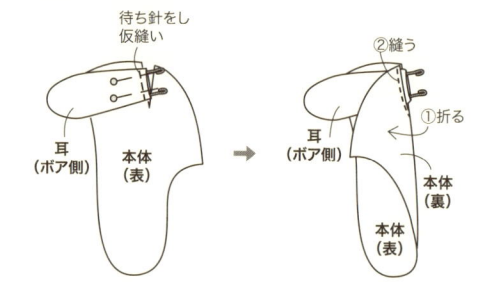

待ち針をし仮縫い
耳（ボア側）
本体（表）
②縫う
①折る
耳（ボア側）
本体（裏）
本体（表）

4 3にひもを仮どめする。ひもの端は結んでおく

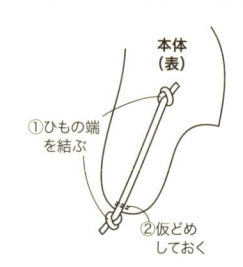

本体（表）
①ひもの端を結ぶ
②仮どめしておく

◆ ミトン

2 3 本体2枚を中表に合わせて縫い、親指のつけ根のカーブの縫い代に切り込みを入れ、表に返し、指部分は目打ちできれいに引き出す

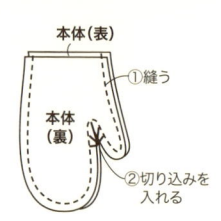

本体（表）
①縫う
本体（裏）
②切り込みを入れる

Ⓡ
ミトン(4枚)

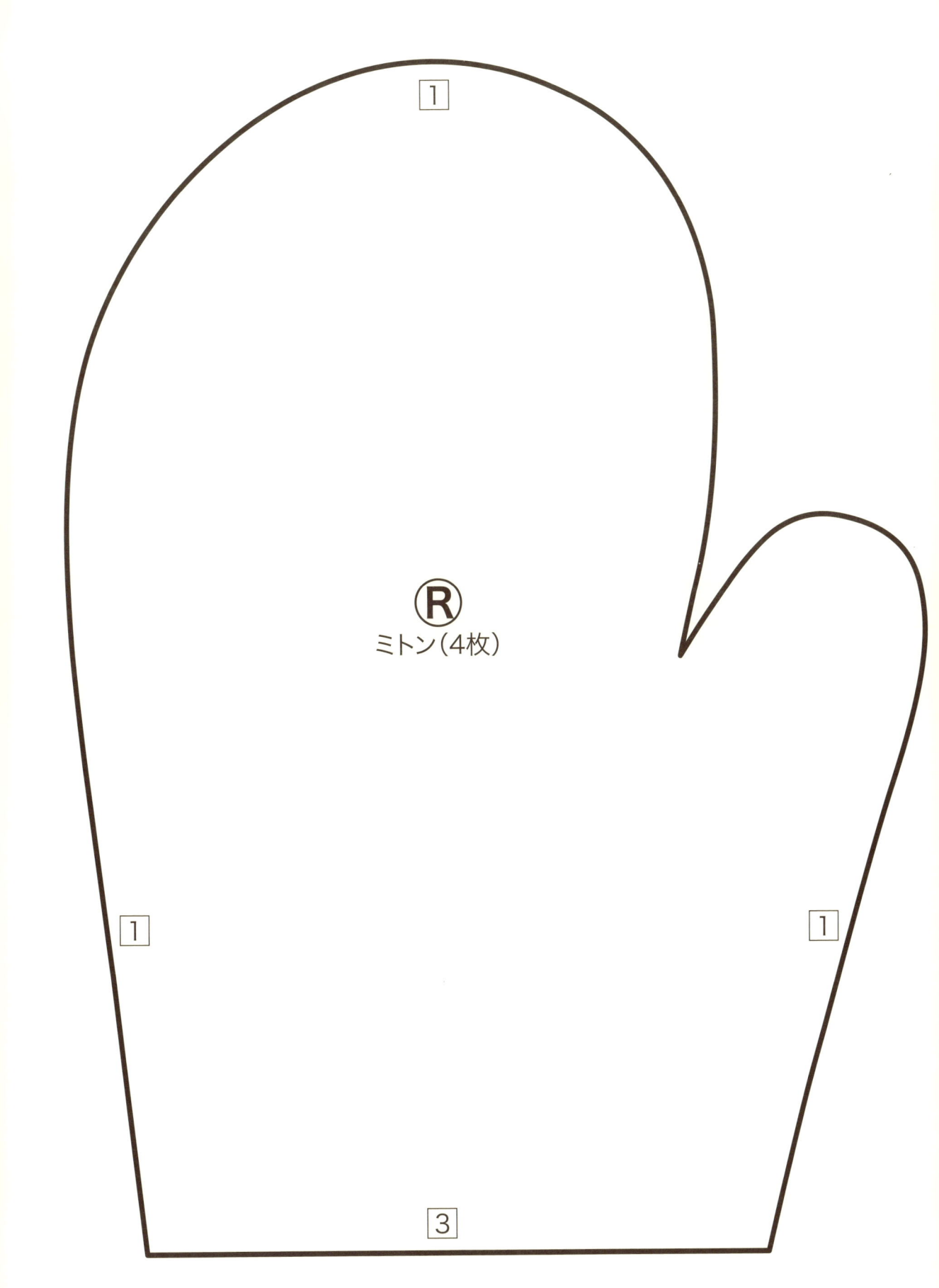

## Q エンジェル
p.36

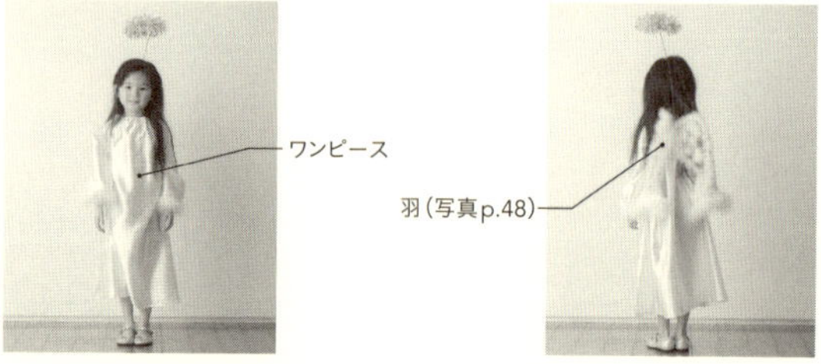

[材料]
◆ワンピース
- サテン(白)95㎝幅×220㎝
- ゴム1㎝幅×130㎝(羽の分も含む)
- マラボー(ファー)480㎝(羽の分も含む)

◆羽
- フェルト(白)40㎝幅×40㎝
- チュール112㎝幅×20㎝
- 段ボール8㎝×20㎝
- モール(太め/ツリーの飾りのようなもの)シルバー30㎝
- 針金(太め)150㎝
- 針金(細め)25㎝

[作り方の順番] *は図を参照

◆ワンピース
1. 実物大パターンに合わせてサテンの生地をカットし、袖口、裾、衿ぐりの縫い代を折って、アイロンをかける。*
2. 袖下と身頃を中表に合わせて縫う。*
3. 袖口から脇を縫う。*
4. 袖口、裾、衿ぐりを1でつけた折り目にそって、できあがりに縫う。
5. 衿ぐりにゴムを通して結ぶ。*
6. 袖口にマラボーをまつりつける。*

◆羽
1. 羽の形に細めの針金を形作る。*
2. 羽の布を用意する。*
3. 羽のまわりにマラボーをまつりつける。*
4. リング部分を作る。*
5. リングに太めのモールを巻きつける。巻き終わりは、見えないようにテープかボンドでとめる。
6. 段ボールをカットする。*
7. リングの支柱と羽のとめ部分の針金を、土台の段ボールの穴に通す。折り目にそって段ボールを半分にたたみ、余分な針金は折り返して巻きつけ、ガムテープでとめる。
8. 段ボールにかぶせるためのフェルトを袋状に縫う。*
9. 7を8のフェルトの中に入れ込み、ゴムの反対の端を結んで入れ込み、まつって閉じる。*

※余ったマラボーを羽に貼ってもかわいい。

◎グレーの色がついたパーツは実物大パターン有り

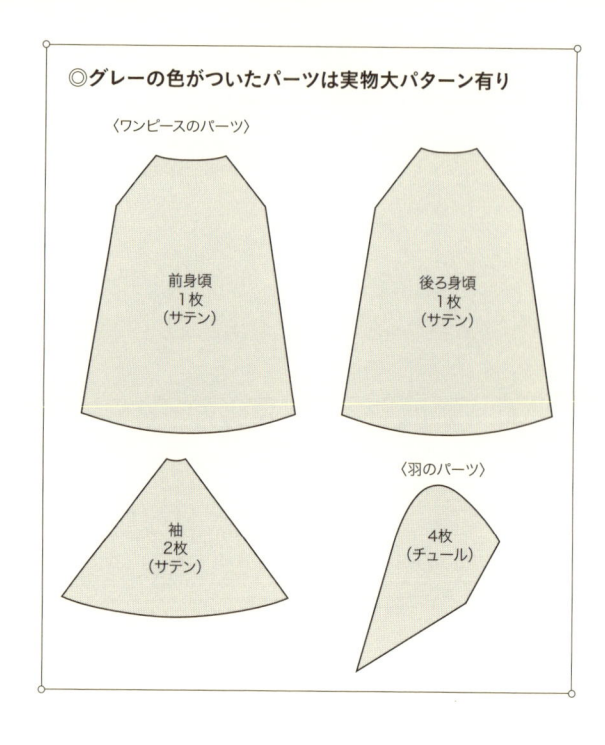

〈ワンピースのパーツ〉
- 前身頃 1枚 (サテン)
- 後ろ身頃 1枚 (サテン)
- 袖 2枚 (サテン)

〈羽のパーツ〉
- 4枚 (チュール)

♦ ワンピース

1 2 袖口、裾、衿ぐりの縫い代を折って、アイロンをかけ、袖下と身頃を中表に合わせて縫う

②縫う
2.5
1
袖つけどまり
袖つけどまり
袖(裏)
①
1
前身頃(表)
①裏側に折って、アイロン
2
③2と同様に後ろ身頃と合わせて縫う

4枚を縫い合わせた図
- 後ろ身頃(裏)
- 袖(裏)
- 袖(裏)
- 前身頃(裏)

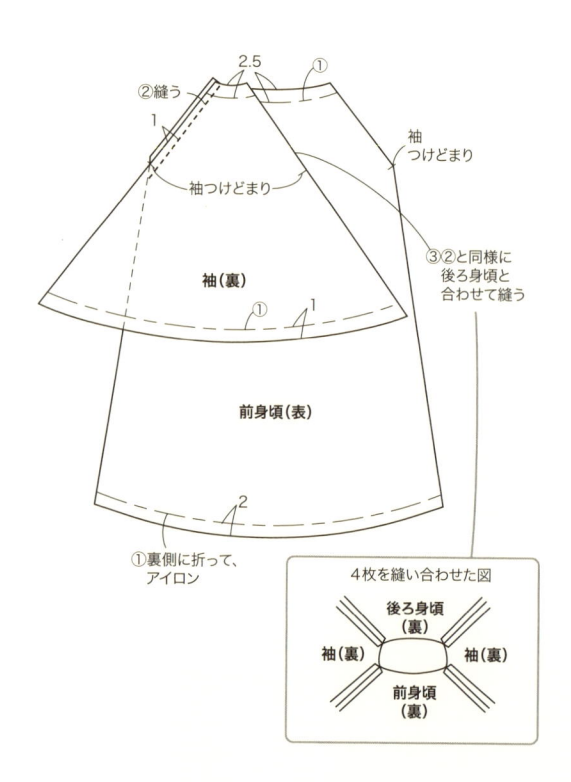

## 3 / 4 袖口から脇を縫い、袖口、裾、衿ぐりを折り目にそって、できあがりに縫う

**POINT!** 衿ぐりは、ゴムの通し口を開けておくこと。

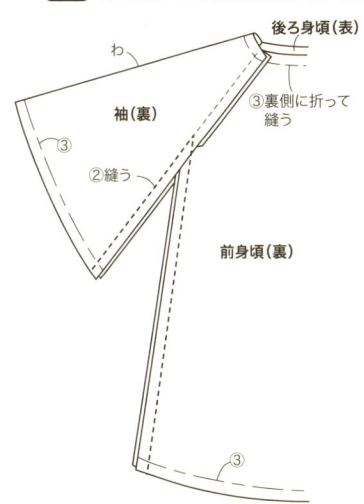

## 5 衿ぐりにゴムを通し、ちょうどいい長さに結ぶ

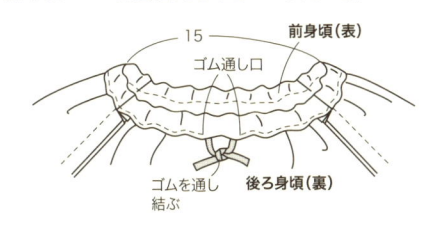

## 6 袖口にマラボーをまつってつける

**POINT!** 粗めにまつりつけたほうが、ファーが潰れずにきれい。縫い目は見えなくなってしまうので、気にせずに。

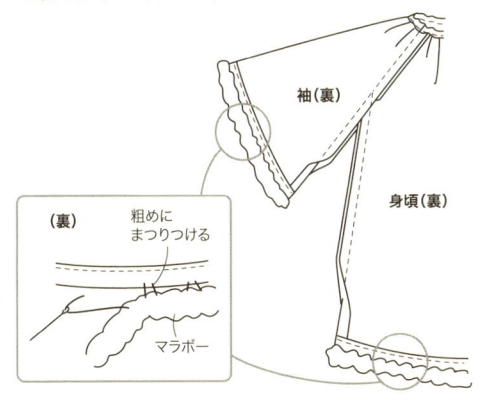

## ◆ 羽

### 1 羽の形に細めの針金を形作る

**POINT!** 取りつけ部分の余裕を残して、針金を用意すること。

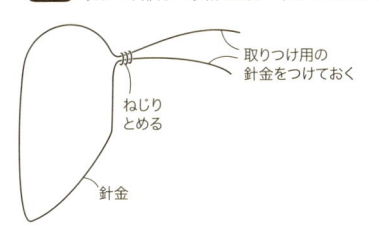

### 2 / 3 羽の布を用意する。羽のまわりに、針金とマラボーを一緒に巻きつけるようにまつりつける

チュールを羽の土台の大きさに袋状に縫い、針金を中に入れ込んでまつって閉じる。

**POINT!** チュールは、切りっぱなしで縫い代が外側に出ていても大丈夫。

**かんたん!** 針金自体に両面テープを貼り、少し大きめにカットしたチュールにのせ、両面テープにそって、巻き込んでとめてもOK。

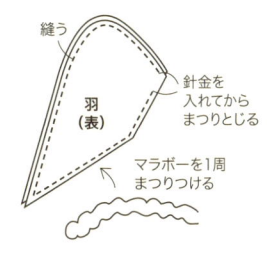

### 4 リング部分を作る

太めの針金を適当な大きさの缶や鍋などに巻きつけてガイドラインを作り、支柱(約50㎝)を作って、とめつける。

**POINT!** 手を傷つけないように軍手をはめ、ペンチを使うとやりやすい。

**かんたん!** 羽だけを土台につけ、別途リングのみ作って頭にのせる。

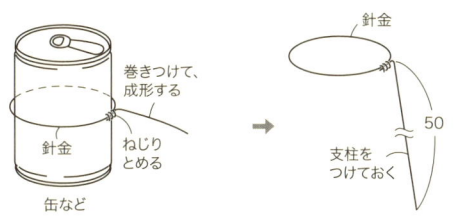

### 6 段ボールをカットする

### 8 / 9 フェルトを袋状に縫い、ゴムを通す

**POINT!** 厚みを考慮して、ひとまわり大きめに作る。※本作品のゴムは、1本40㎝くらいで作っている。抜けないように、端を結んでおくとよい。

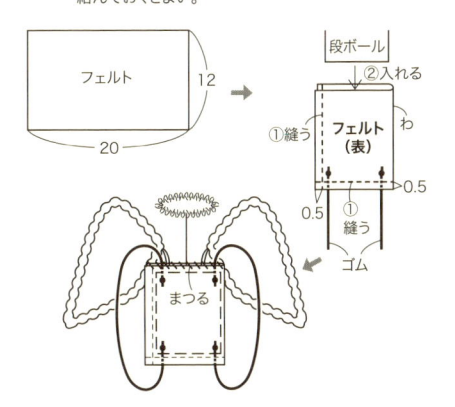

## S トランプマン
p.39

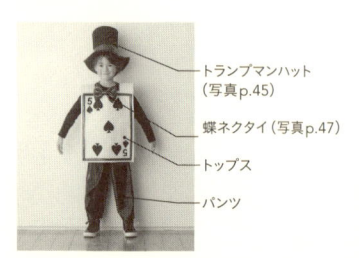

### [材料]
◆ トップス
- フェルト(白) 60cm幅×60cm×2枚
- 接着芯(白) 120cm幅×60cm〈蝶ネクタイの分も含む〉
- サテンテープ(ブルー) 1.5〜2cm幅×5m〈パンツの分も含む〉

◆ パンツ
- サテン(黒) 95cm幅×120cm
- ゴム1cm幅×120cm

◆ トランプマンハット
- フェルト(黒) 60cm幅×60cm×2枚〈トップスの文字部分も含む〉
- 接着芯(黒) 100cm幅×60cm

◆ 蝶ネクタイ
- ラメ(ブルー) 112cm幅×20cm〈ハットの分も含む〉
- 安全ピン1個

### [作り方の順番] *は図を参照

◆ トップス
1. 本体とサイドのフェルトに接着芯を貼り、カットする。*
2. サテンテープを本体の枠に沿って縫いつける。*
3. トランプのように、数字やモチーフをボンドで貼る。
4. 前後の身頃の肩部分を中表に合わせて縫い、縫い代はアイロンで割る。*
5. サイドを縫いつける。*

◆ パンツ
※p.84ドラキュラのパンツの作り方の順番と同様。

◆ トランプマンハット
1. ベルト以外のパーツに接着芯を貼り、カットする。*
2. サイドを中表に折って端を縫い、縫い代を割ってアイロンをかける。*
3. サイドとトップにピンを打ち、縫う。
4. ブリムとサイドを中表に合わせ、頭囲外周を縫う。*
5. 4の縫い代は内側に倒して縫う。
   **かんたん!** ざっくり手縫いでとめておいも大丈夫。ベルトで見えなくなってしまうので気にせずに。
6. ラメ生地をカットして、ベルトを作る。*
7. 6を上下1cmのところにアイロンをかけ、縫う。
8. 輪になるように中表にして縫い、縫い代を割ってアイロンをかける。
9. 本体とセットし、サイド2カ所くらいをとめつけておくと安定する。

◆ 蝶ネクタイ
1. 生地をカットし、本体部分に接着芯を貼る。*
2. 本体部分を中表に折り、できあがりに縫う。*
3. 縫い目を中心にずらし、サイドを縫う。
4. 縫い目を倒して、アイロンをかけ、角の余分な縫い代をカットして、表に返す。
5. 返し口を軽くまつる。
6. きれいにリボンの形になるように中心をたたみ、軽くまつって固定しておく。
7. リボンの中心部分を作る。*
8. 本体に中心部分を巻きつけ、裏側でとめておく。
9. 安全ピンを中心部分に通してつける。

---

◎ グレーの色がついたパーツは実物大パターン有り

〈トップスのパーツ〉
- 本体 2枚(フェルト) ♠10枚 ♠4枚 5 4枚
- サイド 2枚(フェルト)

〈パンツのパーツ〉
- パンツ 2枚(サテン)

〈蝶ネクタイのパーツ〉
- 1枚(ラメ)
- (ラメ)1枚

〈トランプマンハットのパーツ〉
- トップ 1枚
- サイド 1枚(フェルト)
- ベルト 1枚(ラメ)
- ブリム 1枚(フェルト)

### ◆ トップス

**1 本体とサイドのフェルトに接着芯を貼り、カットする**
**POINT!** 接着芯を貼ってからカットするとやりやすい。

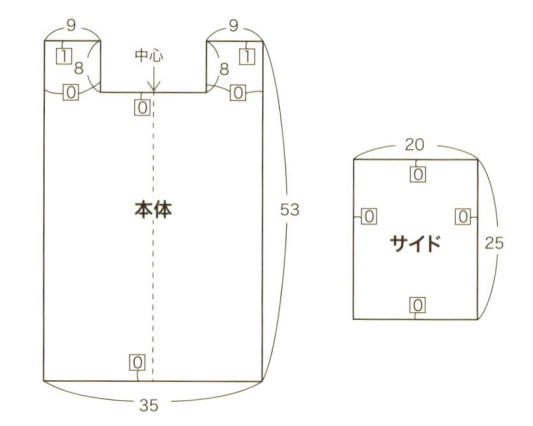

本体: 中心、9、8、1、0、53、35
サイド: 20、25、0

**2** **3** サテンテープを本体の枠に沿って縫いつける。数字やモチーフをボンドで貼る

**POINT!** 両面テープで仮どめをしてミシンをかけるとラク。
**かんたん!** 縫わずにボンドで貼ってもOK！ 角の部分はきれいにたたんで貼ること。

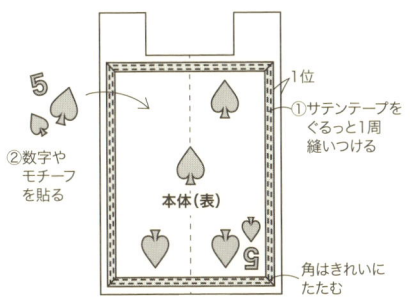

①サテンテープをぐるっと1周縫いつける
②数字やモチーフを貼る
本体(表)
1位
5
角はきれいにたたむ

**4** 前後の身頃の肩部分を中表にして縫う

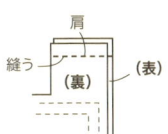

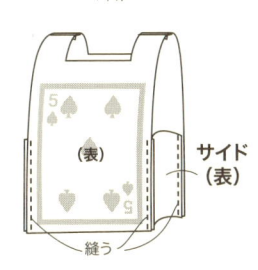

肩
縫う
(裏) (表)

**5** サイドを縫いつける

**POINT!** 縫い代が外側にくるように、端から5mmくらいのところを縫うと、本体に張りが出て、かわいく仕上がる。

(表)
サイド(表)
縫う

## ♦ トランプマンハット

**1** サイドのフェルトに接着芯を貼り、カットする

サイド
20
55.4

**2** 中表に折って端を縫う

サイド(裏)
①縫う

**3** サイドとトップに待ち針を打ち、縫う

**POINT!** 丸く縫うのは難しく感じるが、トップとサイドを4分割にし、だいたいの目安をつけて待ち針を打つと、わかりやすい。ミシンで縫う場合は、サイドが下になるように置き、まっすぐに進んでいくようにカーブに沿わせながら縫う。

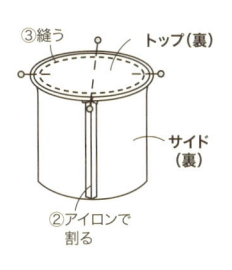

③縫う
トップ(裏)
サイド(裏)
②アイロンで割る

**4** ブリムとサイドを合わせ、頭囲外周を縫う

**POINT!** 接着芯を貼った場合は、フエルトが表になるようにする。カーブは3を参考に縫って。

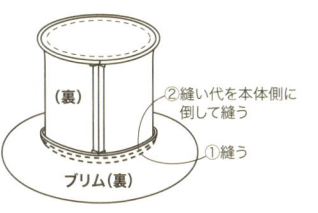

(裏)
②縫い代を本体側に倒して縫う
①縫う
ブリム(裏)

**6** ラメ生地をカットして、ベルトを作る

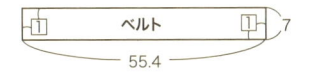

ベルト
55.4
7

## ♦ 蝶ネクタイ

**1** ラメ生地をカットし、本体部分に接着芯を貼る

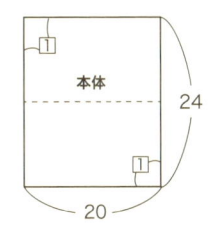

本体
24
20

**2** 本体部分を中表に折り、できあがりにミシンをかける

**POINT!** 返し口は縫い残す。

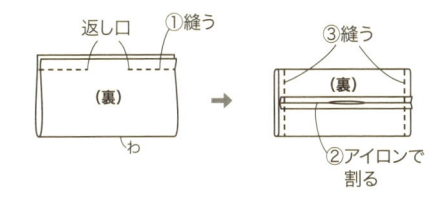

**3** サイドを縫う

返し口 ①縫う
(裏)
わ
③縫う
(裏)
②アイロンで割る

**7** リボンの中心部分を作る

つき合わせに折り、それをさらに半分に折って両面テープでとめる。

**POINT!** 両面テープを使用する場合は、後でとめつけるときに、接着剤が針について縫いにくくなるため、仮どめ程度に最小限に。

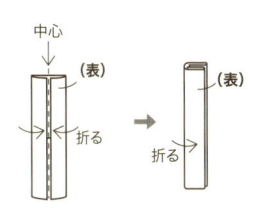

中心
(表)
折る
(表)
折る

# T くろねこ
p.40

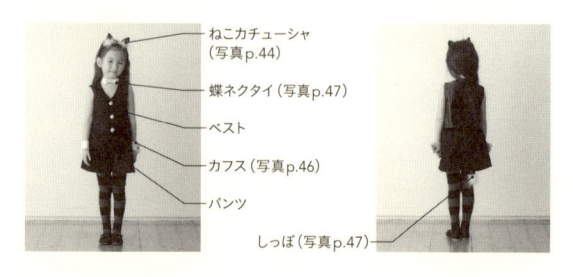

- ねこカチューシャ（写真p.44）
- 蝶ネクタイ（写真p.47）
- ベスト
- カフス（写真p.46）
- パンツ
- しっぽ（写真p.47）

## [材料]

◆ベスト・パンツ・カチューシャ・しっぽ合計
- ラメモヘア112cm幅×100cm

◆ベスト
- サテン（黒）95cm幅×100cm
- 接着芯100cm幅×15cm〈蝶ネクタイの分も含む〉
- ボタン（金）直径2.5cm×3個
- マジックテープ（黒）1～1.5cm幅×20cm〈しっぽの分も含む〉

◆パンツ
- ゴム1cm幅×60～120cm

◆蝶ネクタイ
- サテン（白）95cm幅×30cm〈カフスの分も含む〉
- マジックテープ（白）1cm幅×2cm

◆カフス
- ボタン（金）直径2cm×4個
- マジックテープ（白）1cm幅×6cm

◆ねこカチューシャ
- カチューシャ（黒）1個

◆しっぽ
- ゴム（黒）2～3cm幅×70cm
- あれば、ファー（マラボー）・綿・針金適宜

## [作り方の順番] *は図を参照

◆ベスト
1. 実物大パターンに合わせて生地をカットし、前見返しと後ろ見返しに接着芯を貼る。
2. 身頃と見返し、それぞれの肩部分を縫う。*
   POINT! 縫い代を割ってアイロンをかける。
3. 身頃と見返しを中表に合わせ、できあがりに縫う。
   POINT! 縫った後、縫い代をできあがりにアイロンをかける。カーブの部分は切り込みを入れ、余分な縫い代はカットし、表に返す。
4. 袖ぐりをできあがりに折って縫う。*
   POINT! 脇を縫う前に縫うほうがやすやすい。
5. 前後の脇を中表に合わせて縫う。
6. 裾、衿ぐりを縫って、落ち着かせる。見返しは肩の縫い代をまつっておくと落ち着く。*
7. 前中心3カ所くらいに、マジックテープを縫いつける。
8. 飾りボタンをつける。

◆パンツ
※p.56プリンスパンツの作り方の順番2-9と同様。

◆蝶ネクタイ
1. 生地をカットし、本体に接着芯を貼る。*
2. 本体を中表に合わせて折り、できあがりに縫う。*
3. 縫い目を中心にずらし、サイドを縫う。*
4. 縫い目を倒してアイロンをかけ、角の余分な縫い代をカットして、表に返す。*
5. 返し口をまつる。
6. リボンの形になるように中心を絞り、まつって固定する。
7. リボンの中心部分とベルトを作る。*
8. 6のリボンに中心部分を巻きつけて縫いつける。
   POINT! ベルトを通す分の余裕を残しておくこと。
9. リボンの中心にベルトを通し、中心部分で縫いつける。
10. こどもに合わせてベルトの長さを調節し、ベルトの端にマジックテープを縫いつける。

◆カフス
1. 生地をカットし、片側（裏地）のみ接着芯を貼る。
2. 中表に合わせ、返し口を残して、できあがりに縫う。
3. 縫い目を倒してアイロンをかけ、角の余分な縫い代をカットして、カーブ部分には、縫い代に切り込みを入れ、表に返す。角は目打ちで返し、アイロンをかける。
4. 周りを縫い、返し口も閉じる。
5. 折り返し線でアイロンをかける。
6. 内側にマジックテープを縫いつける。
7. 折り返した状態で2枚重ね、両側に飾りボタンをつける。

◆ねこカチューシャ
1. 耳を作る。生地はベストと同生地でも、片面をサテンにしてもOK。前後の生地を中表に合わせ、できあがりに縫い、表に返す。
2. カチューシャの耳のつけ位置に両面テープを貼る。
3. 両面テープをガイドに、耳の縫い代をぐるっと巻きつける。
   POINT! 耳に綿を入れると、ふかふかになる。
4. 耳の縫い代を適当にかがってとめる。ファーがあれば、耳の内側にボンドで貼る。

◆しっぽ
1. 生地を10cm×50cmにカットする。
2. 中表に半分に折り、周りを縫う。
3. 表に返して、片方の端をかがる。ファーがあれば、縫いつけるかボンドでとめる。針金に綿を巻きつけて中に入れると、形がつけられてかわいい。
4. ゴムの端にマジックテープを縫いつける。
   POINT! こどものサイズに合わせ、5～10cmほど重なる長さでカットし、重なる部分にマジックテープをつける。安定するように、やや長めに重なったほうが、動いても安心。
5. ゴムの中心の位置にしっぽを巻きつけ、かがってとめる。
   POINT! 針金を入れる場合は、針金が体に触れないよう、端を曲げておくこと！ 縫い代ごとゴムに巻きつければ安定する。

◎グレーの色がついたパーツは実物大パターン有り

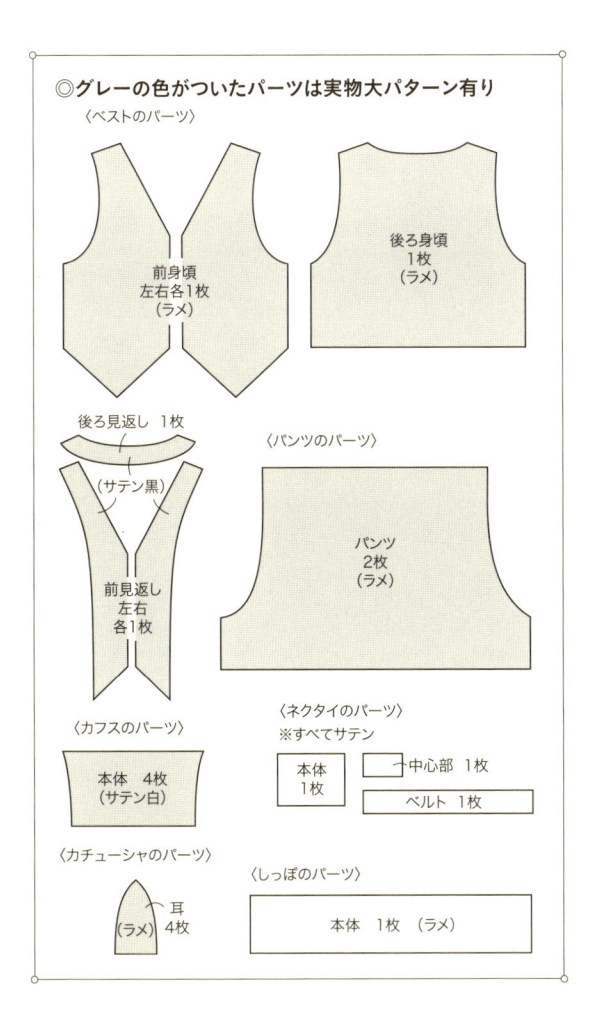

〈ベストのパーツ〉

前身頃 左右各1枚 (ラメ)

後ろ身頃 1枚 (ラメ)

後ろ見返し 1枚 (サテン黒)

前見返し 左右各1枚

〈パンツのパーツ〉

パンツ 2枚 (ラメ)

〈カフスのパーツ〉

本体 4枚 (サテン白)

〈ネクタイのパーツ〉
※すべてサテン

本体 1枚
中心部 1枚
ベルト 1枚

〈カチューシャのパーツ〉

耳 (ラメ) 4枚

〈しっぽのパーツ〉

本体 1枚 (ラメ)

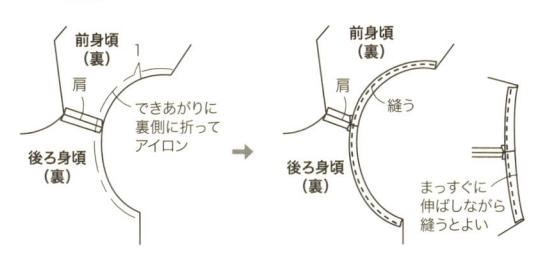

6 見返しは肩の縫い代をまつる

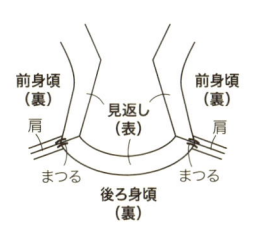

◆ 蝶ネクタイ

1 生地をカットする

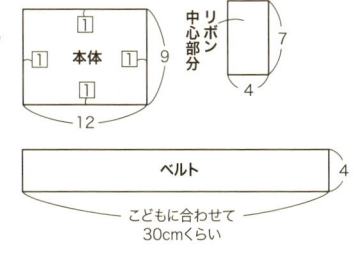

本体 12 × 9
リボン中心部分 7 × 4
ベルト こどもに合わせて30cmくらい ×4

2 本体を中表に合わせて折り、できあがりに縫う

POINT! 返し口を縫い残すこと。

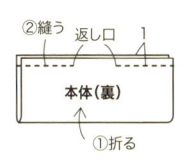

3 4 縫い目を中心にずらし、サイドを縫い、角の余分な縫い代をカットして、表に返す

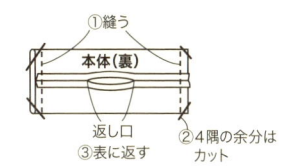

①縫う
本体(裏)
返し口
③表に返す
②4隅の余分はカット

7 リボンの中心部分とベルトを作る

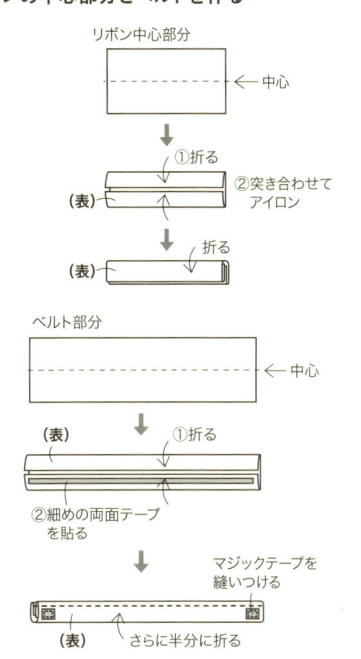

リボン中心部分
←中心
①折る
②突き合わせてアイロン
③折る

ベルト部分
←中心
①折る
②細めの両面テープを貼る
マジックテープを縫いつける
さらに半分に折る

◆ ベスト

2 身頃と見返し、それぞれの肩部分を縫う

POINT! 縫い目は割ってアイロンをかける。

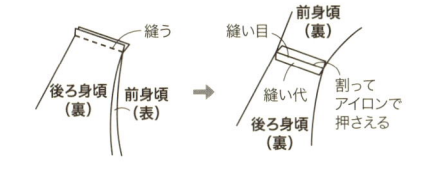

後ろ身頃(裏) 前身頃(表) → 縫う 縫い目 縫い代 割ってアイロンで押さえる 後ろ身頃(裏)

4 袖ぐりをできあがりに折って縫う

POINT! 脇を縫う前に縫うほうがやりやすい。

前身頃(裏) 肩 後ろ身頃(裏) できあがりに裏側に折ってアイロン → 前身頃(裏) 肩 縫う 後ろ身頃(裏) まっすぐに伸ばしながら縫うとよい

### クリスマスツリーの ヘッドドレス
p.48

[材料]
- クリスマスツリー用オーナメントの星（クリスマスツリーのてっぺんにつける星）1個
- リボン（黒）3〜4cm幅×150cm

[作り方の順番]
1. 星の根元部分に、ぐるっと両面テープを貼りつける。
2. 1の両面テープをガイドに、リボンの中心を合わせ巻きつけながら、きれいにまとめ、動かないようにとめつける。

### スカルハロウィン キャンディバッグ
p.48

[材料]
- フェルト（白）40cm幅×40cm
- フェルト（黒）適量
- 接着芯適宜

[作り方の順番]
薄手のフェルトを使う場合は、裏に接着芯を貼るとしっかりする。
1. 白のフェルトを直径20cmくらいに2枚カットする。必要に応じて裏に接着芯を貼る。
2. 黒のフェルトを好きなように顔のパーツにカットし、1でカットした1枚にボンドで貼るか縫いつける。口のラインを縫ったり、ペンで描いてもOK。
3. 持ち手のパーツ、白のフェルトを5cm×20cmにカットする。これを本体に縫いつける。
4. 本体をぐるっと縫い合わせる。

### かぼちゃハロウィン キャンディバッグ
p.48

[材料]
- フェルト（オレンジ）40cm幅×40cm
- フェルト（黒・黄緑）適量
- 接着芯適宜

[作り方の順番]
薄手のフェルトを使う場合は、裏に接着芯を貼るとしっかりする。
1. p.95の実物大パターンに合わせてフェルトをカットする。必要に応じて裏に接着芯を貼る。
2. 黒のフェルトを好きなように顔のパーツにカットし、1でカットした1枚にボンドで貼るか縫いつける。
3. 持ち手のパーツ、黄緑のフェルトを5cm×20cmにカットする。これを本体に縫いつける。
4. サイドのパーツ、オレンジのフェルトを5cm×48cmにカットする。これを3に縫いつける。
※サイドをつけずに、スカルハロウィンキャンディバッグのようにぺったんこに作ってもよい。

### くろねこハロウィン キャンディバッグ
p.48

[材料]
- フェルト（黒）40cm幅×40cm
- フェルト（水色・白）適量
- 接着芯適宜

[作り方の順番]
かぼちゃハロウィンキャンディバッグの作り方の順番と同様。
口やヒゲはミシンでステッチをかけたり、ボンドで毛糸などを貼ってもOK。

### ロザリオ
p.48

[材料]
- フェルト（白）13cm幅×17cm
- モール（工作用の細めのもの／シルバー）2本
- 針金（細め）2cm
- ネックレスチェーンまたはひも250cm
- プラスチックパーツ（好みの色）適量
※本作品では100円ショップで20個くらい入っているものを使用。
- 接着芯適宜

[作り方の順番]
フェルトに接着芯を貼っておくと、しっかりするので作りやすい。
1. p.95の実物大パターンに合わせてフェルトをカットする。接着芯を貼った場合は、接着芯の面が内側になるように外表に合わせてぐるっと縫う。
2. モールをクロスの外周に沿わせながら、軽くまつる。
3. 2cmの長さの針金を、チェーンを通すために少し縦長の小判形にする。
4. 2のクロスのてっぺんに、目打ちで穴を開け、3を通す。
5. クロスの表面全体に木工用ボンドをまんべんなく流し、プラスチックパーツを埋め込む。ボンドが固まるまで、しっかり乾かす（1日間くらいが理想）。
6. チェーンかひもをつける。

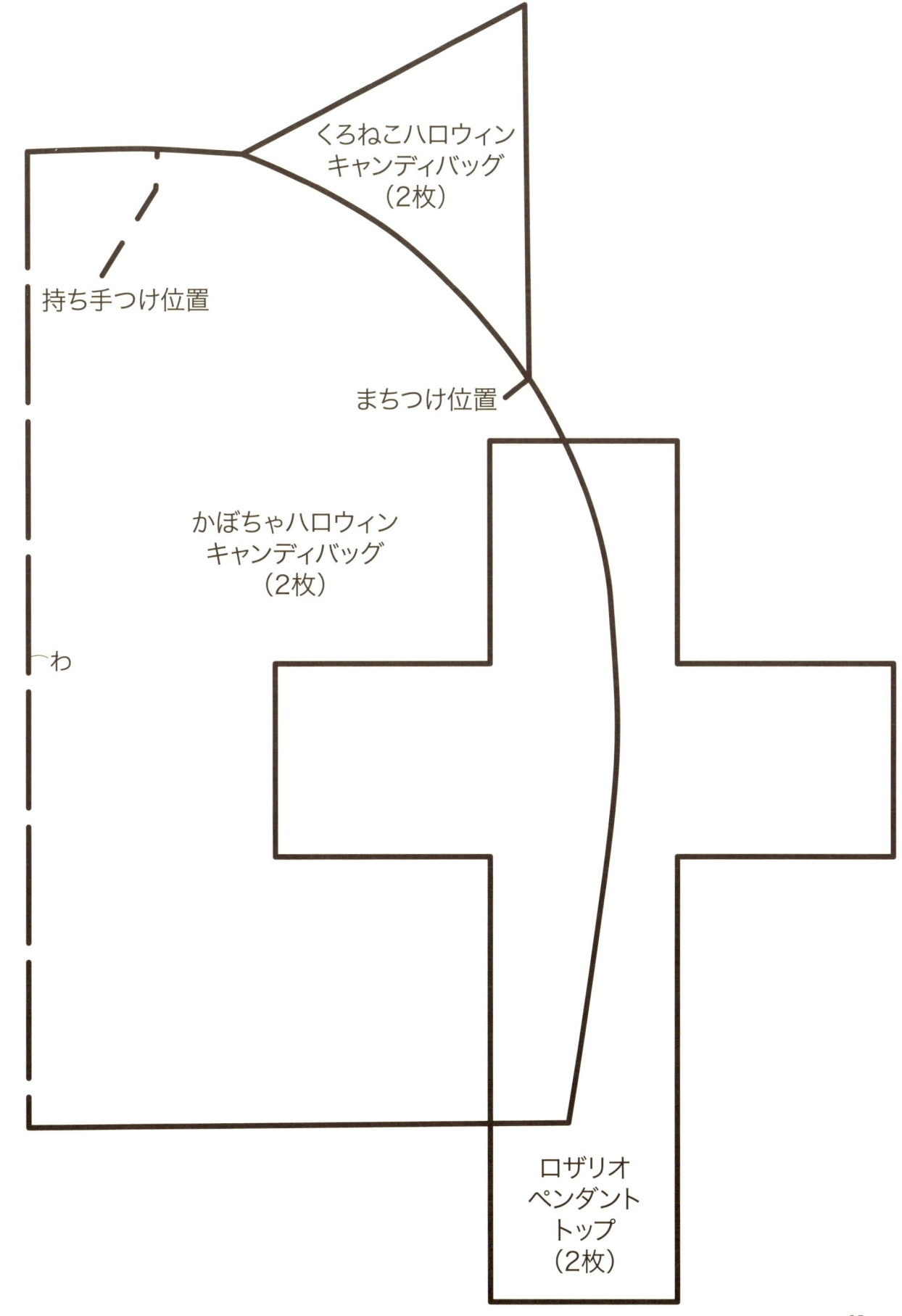

くろねこハロウィン
キャンディバッグ
（2枚）

持ち手つけ位置

まちつけ位置

かぼちゃハロウィン
キャンディバッグ
（2枚）

わ

ロザリオ
ペンダント
トップ
（2枚）

### macaron あんどうまゆこ

文化女子大学（現 文化学園大学）で服飾全般を学んだ後、「macaron」という名前で、アメリカやイギリスのヴィンテージファブリックを使った布物を製作。1999年から東京・久我山にmacaronのアトリエを兼ねたショップをオープン。建物老朽化のため2009年にショップをクローズ。現在は、macaronの製作、卸し、販売を手がける。コスチューム製作は、自身が習うタップダンスのステージ衣装がはじまり。"見栄えはするのに作り方はかんたん！"な衣装作りを行う。
http://www.macaron-sundries.com

### Staff

| | |
|---|---|
| 装丁・デザイン | NILSON（望月昭秀＋境田真奈美） |
| 作り方イラスト・型紙トレース | 小池百合穂 |
| 撮影 | 池水カナエ |
| モデル | 清水透羽＋ドゥ・ベルデル太陽マキシミリアン＋モーガンあみりあ＋森優那＋森奈那 |
| 編集 | 土田由佳 |

---

### 別添の実物大パターン

- Ⓐ＝プリンセス
- Ⓑ＝プリンス
- Ⓒ＝花の妖精
- Ⓓ＝雪の女王
- Ⓔ＝マーメイド
- Ⓕ＝セーラーマン
- Ⓖ＝チアガール
- Ⓗ＝クリスマスツリー
- Ⓘ＝はち
- Ⓚ＝海賊
- Ⓛ＝魔女
- Ⓜ＝くり
- Ⓝ＝かぼちゃ
- Ⓞ＝パンクガール
- Ⓟ＝ドラキュラ
- Ⓠ＝エンジェル
- Ⓡ＝うさぎ
- Ⓢ＝トランプマン
- Ⓣ＝くろねこ

---

発表会やハロウィンで大活躍！ かわいい簡単手作り衣装

# こどもの手作り仮装コスチューム

NDC 593

2015年6月17日　発　行

| | | |
|---|---|---|
| 著　者 | macaron　あんどうまゆこ | |
| 発行者 | 小川雄一 | |
| 発行所 | 株式会社　誠文堂新光社 | |
| | 〒113-0033　東京都文京区本郷3-3-11 | |
| | （編集）電話03-5800-5751 | |
| | （販売）電話03-5800-5780 | |
| | http://www.seibundo-shinkosha.net/ | |

印刷・製本　図書印刷 株式会社

©2015, macaron　Mayuko Ando.
Printed in Japan
検印省略
落丁・乱丁本はお取り替え致します。

本書掲載記事の無断転用を禁じます。また、本書に掲載された記事の著作権は著者に帰属します。これらを無断で使用し、展示・販売・レンタル・講演会などを行うことを禁じます。

本書のコピー、スキャン、デジタル化等の無断複製は、著作権法上での例外を除き、禁じられています。本書を代行業者等の第三者に依頼してスキャンやデジタル化することは、たとえ個人や家庭内での利用であっても著作権法上認められません。

Ⓡ〈日本複製権センター委託出版物〉本書を無断で複写複製（コピー）することは、著作権法上の例外を除き、禁じられています。本書をコピーされる場合は、事前に日本複製権センター（JRRC）の許諾を受けてください。
JRRC〈http://www.jrrc.or.jp/　E-mail: jrrc_info@jrrc.or.jp　電話03-3401-2382〉

ISBN978-4-416-61551-5